De Anne Dufour, aux éditions Leduc.s

Le grand livre de l'équilibre acido-basique,
avec Catherine Dupin, 2011.
Mes petites recettes magiques antidiabète,
avec Carole Garnier, 2011.
Mes petites recettes magiques aux oméga 3,
avec Carole Garnier, 2011.
Mes petites recettes magiques anticholestérol,
avec Carole Garnier, 2011.
Mes petites recettes magiques hyperprotéinées,
avec Carole Garnier, 2011.
Mes petites recettes magiques à l'agar-agar,
avec Carole Garnier, 2010.
Ma bible de la santé nature, 2010.

De Catherine Dupin, aux éditions Leduc.s

Le grand livre de l'équilibre acido-basique,
avec Anne Dufour, 2011.
Mes petites recettes magiques aux huiles essentielles,
avec Danièle Festy, 2011.

Illustrations : Fotolia
Maquette : Facompo

17, rue du Regard
75006 Paris – France
E-mail : info@editionsleduc.com
ISBN : 978-2-84899-501-4

ANNE DUFOUR CATHERINE DUPIN

MES PETITES RECETTES MAGIQUES

DÉTOX

LEDUC.S
EDITIONS

Mon petit glossaire magique pour une détox efficace

Avant de passer à l'action, et de découvrir tous les secrets d'un organisme purifié, révisons notre vocabulaire pour avoir la détox attitude de A à Z.

A

Agar-agar : éponge à poisons, expert détox.
Activité physique : ce n'est pas un gros mot.
Additifs : non, non et non !
Air : composant majeur de la détox. De l'air dans la maison, au bureau, dans les poumons, dans la vie, dans l'agenda, dans les vêtements, dans les relations… Inspirez. Expirez à fond. Recommencez. Les « tox » sont solubles dans l'air.
Alcool : pas une goutte, merci !

Antioxydant : qui s'oppose au stress oxydatif, élément « intox » majeur et accélérateur de vieillissement.

B

Brûle-graisses : qui aide les graisses à sortir de leur « cachette » pour être brûlées par nos cellules.

C

Curcumine : molécule détox du curcuma. Flacon de curcuma en poudre sur la table à manger obligatoire.

D

Détox : définitions (non homologuées) = « nettoyage interne », « écologie intérieure », « stop-intox », « bye bye poisons ».
Diurétique : qui augmente l'excrétion urinaire, donc réduit la rétention d'eau. On dégonfle !

E

Eau : avec l'air, élément alchimique permettant la transformation d'un organisme intoxiqué en un corps plongé dans… la félicité ! À boire, à manger, à nager, à tremper… Dedans, dehors, elle nettoie, purifie, apaise. Une base. Passez à la pompe 6 à 8 fois dans la journée (en dehors des repas).

F

Fibres : balayeuses intestinales, nettoyeuses de fond en comble, indispensables petites mains détox.
Foie : organe détox clé. Foie débordé, en mauvaise santé, détox ratée.

G

Glutathion : notre molécule détox et antioxydante « maison » super-puissante. C'est la femme de ménage de nos cellules.

M

Mastercleanse : potion extra-magique, détox et délice. En français, il s'appelle *Éliminator* (voir p. 101).
Ménage : citron, bicarbonate, vinaigre.
Mon cocktail super détox & longévité : *L'Apéro du centenaire*, c'est p. 108 !

P

Pilules magiques : compléments alimentaires, gris-gris et autres leurres marketing, passez votre chemin. Notre détox à nous consiste aussi à consommer moins et plus simple. Refusez les contrefaçons ! Non aux détox qui… intox !
Piment de Cayenne : brûle-graisses et accélérateur de métabolisme, autrement dit allié détox minceur de tout premier ordre. Il est tombé tout petit dans la Mastercleanse…
Plantes aromatiques : les herbes magiques ventre plat (antigonflette).
Prébiotiques : fibres magiques, engrais 100 % bio de notre flore intestinale.
Probiotiques : bactéries amies de notre flore intestinale (pour mieux assimiler les « bonnes choses » et éliminer les mauvaises).

R

Radicale : monodiète d'une journée pendant laquelle on mange exclusivement 1 aliment, à volonté. Très reposant pour le système digestif, mais évidemment déséquilibré, donc inadapté sur plusieurs jours.

Respect : un programme détox de temps à autre, c'est le minimum. Comme de ranger sa chambre ou de faire la vaisselle, mais en plus agréable.

T

Tabac : horreur, malheur !

Z

Zen : bonheur, bonheur ! Une cellule propre est une cellule zen (et inversement).

Sommaire

Introduction

Quand on pense « détox », on pense souvent « adieu kilos ». Pourtant, la détox c'est bien plus que cela. C'est une invitation à faire le ménage. Sur un plan strictement physiologique, il s'agit de traquer tout ce qui encombre le corps. Excès de sel, d'eau, de gras… tout doit disparaître ! Mais plus largement, il s'agit de s'alléger corps et âme. Cela passe par un emploi du temps revu et allégé, par une cuisine saine et toute simple, toute légère, par une maison moins encombrée, par des pensées plus claires : adieu fouillis, bazar en tout genre, troubles digestifs de surcharge, maux de tête liés aux excès, problèmes de peau consécutifs aux difficultés du corps à se nettoyer, nids à poussières aux sens propre et figuré. L'opération « grand nettoyage » permet d'être vous, en mieux : vous n'êtes pas une poubelle ! Alors pourquoi mettre n'importe quoi dedans ? Tabac, alcool, sucreries, stress, polluants inhalés (tabac), respirés (air vicié, peinture…), plats préparés aux additifs écœurants, édulcorants à l'innocuité santé incertaine, médicaments divers, pilule…

La liste de ce que nous « digérons » au sens large est interminable.

Détox attitude

Et il n'y a pas que les aliments et les polluants ! Il y a aussi les mauvaises nouvelles, les petites trahisons du quotidien, les images chocs au journal télévisé, la surabondance d'informations (mails, Facebook, téléphone, messages audio, sms, tweets, radio, télévision, presse…). Tout cela nous pénètre. Or, tout ce qui ne s'exprime pas s'imprime. Mieux vaut donc faire sortir les excès : de polluants, d'infos, d'émotions, de sucre, de gras… tout ce qui nous encombre ! Le temps d'une journée, d'un week-end, d'une semaine, soufflons en adoptant la détox attitude dans chacun de nos gestes. Boire un grand verre de green smoothie de la main gauche n'a aucun sens si la droite allume une cigarette ! Pensez global, pensez cohérent. Inutile de focaliser sur tel ou tel polluant : c'est l'ensemble de cette soupe « intox » qui nous alourdit, met en danger notre équilibre.

Le grand ménage intérieur

Au passage, quelques rappels sur la détox. Ne la confondez pas avec un « régime minceur » ni même avec un « jeûne », qui obéissent à de tout autres lois. La détox, c'est une question d'écologie intérieure. Il s'agit de faire le ménage chez soi, et tout spécialement après une période d'abus (fêtes de fin d'année par exemple). L'objectif n'est pas de perdre des kilos – même si au final, on a toutes les chances de se délester de quelques bourrelets bien encombrants – mais de remettre les pendules organiques à l'heure. Et pour ça, rien de mieux que les fruits, les légumes et le thé, qui se boit, certes, tout au long de la journée, mais se glisse aussi, malin, dans les soupes, les salades, les plats, les desserts, pour apporter un supplément d'âme et… d'antioxydants. Nous vous proposons plusieurs programmes sur mesure pour que les lendemains de fêtes ne déchantent pas trop, ou tout simplement pour se « mettre au vert » plusieurs fois dans l'année, lors des changements de saison, après un long travail harassant, en cas de fatigue, bref, dès que vous ressentez le besoin de vous faire du bien, de vous « alléger. Une détox, c'est dans son corps, mais aussi dans sa tête, dans sa peau, dans son emploi du temps !

Week-end détox

Pourquoi pas ? Mais ne vous focalisez pas sur le week-end. Si ces deux jours sont pour vous synonymes de « sorties entre amis », de « restos » et de « fêtes », inutile de vous punir et de vous priver de tout cela. Pourquoi ne pas suivre votre détox dans la semaine ? À condition que vous ne nagiez pas dans le stress, évidemment ! Au contraire, un emploi du temps structuré est parfaitement compatible avec une détox en bonne et due forme. Ne voyez pas ce programme comme une retraite au fond des bois sans civilisation. C'est en vous que ça se passe. Alors choisissez le moment qui vous convient le mieux ! Certaines personnes font « détox » 1 journée par semaine, le dimanche par exemple, et s'en portent fort bien. D'autres préfèrent concentrer ce rendez-vous personnel sur plusieurs jours, pour se créer une « bulle de pureté ». À vous de voir.

5 ingrédients maximum

Nos recettes détox se veulent aussi dépouillées et simplissimes dans leurs saveurs que dans leur préparation. Même vos courses s'allègent : presque toutes nos recettes renferment maximum 5 ingrédients. Là encore, le but : retrouver des saveurs simples, nature, brutes. On ne fait pas de la cuisine, on se détoxique, en offrant à ses papilles gustatives des vacances. Une tomate doit avoir le goût d'une tomate, une betterave, pas d'une betterave au chèvre et aux herbes.

Mini-test : avez-vous besoin d'une détox ?

- Je suis fatiguée tout le temps. Oui ❑ Non ❑
- Comme je suis crevée je bouge moins, je prends du poids. Oui ❑ Non ❑
- Je me sens nauséeuse, lourde, « encrassée ». Oui ❑ Non ❑
- Je digère mal, lentement. Oui ❑ Non ❑
- J'ai mal au ventre, des ballonnements. Oui ❑ Non ❑
- Je suis constipée. Oui ❑ Non ❑

- J'ai l'impression d'être fragile, vulnérable aux microbes. Oui ❑ Non ❑
- Quand j'attrape un microbe, ça dure plus longtemps, ça traîne. Oui ❑ Non ❑
- J'ai des petits boutons, des plaques sur la peau, des allergies (rhume des foins, crises d'asthme…). Oui ❑ Non ❑
- J'ai souvent mal à la tête. Oui ❑ Non ❑
- Je sais que mon alimentation est trop grasse, trop sucrée, trop alcoolisée, et j'ai des problèmes métaboliques : trop de cholestérol, trop de tension, trop d'urée (crises de goutte…). Oui ❑ Non ❑

Vous dites oui à…

– **0 de ces propositions :** reposez ce livre, vous n'en avez pas besoin ! Une bonne nuit de sommeil, quelques jours au calme et au repos digestif, et vous repartirez comme en 40.
– **1 à 3 de ces propositions :** reportez-vous à la détox express sur 1 journée, p. 77. Si c'est insuffisant, recommencez.
– **5 de ces propositions :** notre week-end détox vous fera le plus grand bien. Tout est expliqué p. 86
– **6 à 11 de ces propositions :** ouh lala ! Une semaine détox ne serait pas de trop, et même une quinzaine. Reportez-vous à la p. 90.

Détox facile, mode d'emploi

La détox, c'est quoi ?

« Détox » est un diminutif de « détoxication ». Le double cahier des charges d'une détox est :

1. *d'éviter au maximum les polluants*, ceux que l'on respire, que l'on boit, que l'on mange ; tabac, alcool, dépendances diverses à des substances intoxicantes ;
2. *de se débarrasser au maximum de ce qui encombre le corps* (et souvent l'esprit) : sucre, sel, gras, kilos en trop, résidus de pesticides et d'additifs, de métaux lourds (plomb...), de microbes. Plus symboliquement, de faire peau neuve et de chasser les pensées encombrantes, aussi.

Pourquoi faire une détox ?

Parce que notre alimentation est trop riche en protéines, en graisses, en sucres divers, en additifs, en alcool, et que notre organisme passe un temps incroyable à digérer, trier, rejeter les indésirables. En le soulageant, ne serait-ce qu'une journée, de ce travail, il tourne immédiatement son énergie – phénoménale heureusement – vers des tâches qu'il n'a jamais le temps d'accomplir : faire le ménage en interne, se réparer, bref, faire sa maintenance. En cela, la détox n'a strictement rien à voir avec un régime minceur, il s'agit plutôt de retrouver un équilibre biologique interne propice à la santé, à la beauté et au bien-être. Et, si possible, de se détacher de certaines addictions – café, sucre, alcool, tabac… – ne serait-ce que temporairement. Vous allez vous sentir tellement bien « sans », cette journée ou ce week-end détox… cela aide à réfléchir !

Le corps, expert en détox

Le corps est conçu pour se détoxiquer. Il le fait à chaque seconde grâce à un nombre impressionnant d'outils.

- *Les larmes :* elles nettoient et purifient l'œil. Pas question qu'une bactérie s'y développe !
  À condition : de ne pas vivre dans une atmosphère trop polluée ni trop sèche, et de boire suffisamment.
- *Le système respiratoire (nez, bouche, poumons…) :* il élimine un maximum de déchets, notamment alimentaires, principalement sous la forme de

CO_2. Il joue ainsi un rôle majeur dans l'équilibre acido-basique.
À condition : de respirer suffisamment profondément et de ventiler correctement. Autrement dit, de pratiquer une activité physique suffisante.

– *Le nez :* entre les poils et le mucus, c'est un arsenal de détoxication à la fois mécanique et chimique hyperefficace.
À condition : de l'entretenir un minimum, comme les filtres à huile, et de boire suffisamment.
– *La peau :* c'est notre frontière principale avec le monde extérieur. Généralement, elle procure un aller simple aux intrus : dehors, sans espoir de retour !
À condition : de la laver chaque jour, ne pas l'étouffer sous des dizaines de produits/d'additifs cosmétiques et de… boire suffisamment !
– *La toux :* radicale pour éliminer les germes et polluants indésirables dans les bronches.
À condition : d'aider l'organisme à fluidifier la toux grâce à des aliments adaptés et suffisamment d'eau.
– *Le système digestif :* extrêmement vigilant et extrêmement équipé pour dissoudre (estomac), filtrer (rate), piéger, transformer ou détruire (foie), éliminer (intestins) les microbes et toxines en tout genre.
À condition : de consommer suffisamment de végétaux (notamment pour les fibres) et… d'eau ! Et aussi de bouger un minimum…
– *Le système urinaire :* par ici la sortie !
À condition : de boire suffisamment, évidemment…
– *Le système circulatoire :* notre système de fret sans lequel les toxines et polluants resteraient désespérément sur place, incrustés à tout jamais.

À condition : de consommer suffisamment de fruits et légumes riches en vitamine C et en flavonoïdes, de marcher, marcher et marcher encore et, bien sûr, de boire beaucoup… comme d'habitude.

– *Le sommeil :* pendant ce temps, vous ne le dérangez pas. Il fait le ménage, partout. Élimine les cellules mortes, les restes de germes, de polluants, de microbes indéterminés, digère, répare, bref, purifie.
À condition : de dormir suffisamment, dans une pièce aérée et pas trop chaude.

Quels sont les meilleurs aliments détox ?

LES LÉGUMES

Ce sont les rois de la détox, car :

✓ Ils sont très peu caloriques ; or, nous allons en consommer des quantités déraisonnables, surtout en détox radicale (voir p. 78, la « radicale de saisons », et p. 225).
✓ Ils sont extra-riches en minéraux.
✓ Ils sont les plus aptes à rétablir l'équilibre acido-basique.
✓ Ils sont très digestes (si bien choisis et bien préparés).
✓ Leurs fibres sont douces et parfaitement tolérées.
✓ Ils ne font pas grimper la glycémie, donc évitent tout stockage inopiné et ne risquent pas de provoquer de fringales.
✓ Il y a le choix ! Les « riches en eau » et « faibles en amidons » sont des modèles du genre : carotte,

céleri, courgette, poireau, tomate, asperge, pissenlit (et autres petites salades amères), cresson.
- ✓ On ne s'en lasse pas, contrairement à tout autre aliment.
- ✓ Les cuire ne perturbe en rien leurs propriétés nutritionnelles, puisqu'on les consomme surtout pour leurs minéraux, insensibles à la chaleur.

LES FRUITS

On les aime aussi beaucoup parce que :
- ✓ Ils sont bourrés de vitamines et de composés protecteurs.
- ✓ Très riches en eau, ils sont particulièrement hydratants, donc spécialement recommandés en été.
- ✓ Leur saveur sucrée flatte le palais et rend une détox radicale (p. 78, la « radicale de saisons », et p. 225) très ludique. Ils se transforment en dessert de tout premier ordre si on soigne leur préparation. Qui a dit que vous seriez privé de dessert et de douceur pendant votre détox ? Sûrement pas nous ! En plus, leur goût sucré ne veut pas forcément dire qu'ils sont très riches en sucre. C'est leur composition nutritionnelle qui fait ce petit miracle.
- ✓ Leur sucre principal est le fructose, un sucre naturel qui fait très peu grimper la glycémie, donc ne provoque ni stockage (bourrelets) ni faims brusques (fringales).
- ✓ Ce sont les seuls à fournir des éléments « tamponnants » bicarbonates, extrêmement précieux pour l'équilibre acido-basique.
- ✓ Les « riches en eau » et « faibles en sucre » sont des modèles du genre : ananas, citron, fraise, kiwi, pomme.

Quand faire une détox ?

Certaines périodes s'imposent d'elles-mêmes. Les lendemains de fêtes, par exemple début janvier, appellent la détox. Mais la détox est aussi recommandée à bien d'autres périodes de l'année.

Au printemps

La tradition chinoise nous dit qu'au printemps, l'esprit du ciel et de la terre s'unissent de nouveau. Nous avons tous observé cet éveil du règne végétal dans la nature. Il n'y a aucune raison pour que l'homme soit tenu isolé de cette mouvance printanière ! C'est la saison privilégiée pour drainer les excès de l'hiver. La fameuse cure de printemps, elle-même participant du célèbre grand ménage de printemps, est l'ancêtre du régime minceur. Avant de s'escrimer à perdre nos kilos avant l'été, on essayait de se détoxiquer après l'hiver, mais l'idée, finalement, n'est pas fondamentalement différente. On cherche à s'alléger, corps et âme, pour profiter au maximum des beaux jours.

À l'automne

Au moment de la rentrée, le changement de rythme est tel que certains perdent en quelques jours tous les bénéfices des vacances, du soleil, de la détente qui ne sont pourtant pas si loin derrière. C'était hier ! La transition s'effectue toujours plus facilement si l'on prend soin de soi, de son corps. C'est d'ailleurs le moment des bonnes résolutions : on s'inscrit à la gym, on décide d'aller toute l'année à la piscine, on jure qu'on ne mangera pas de ci cette année, ni de ça, qu'on ne fumera plus, etc. Et puis les beaux jours sont derrière nous. Les magnificences de l'automne précèdent les rudesses de l'hiver. La médecine traditionnelle chinoise nous rappelle qu'il ne faut pas s'enivrer aux ors de la saison, mais au contraire préserver ses forces pour la période de dépouillement qui s'amorce. C'est évidemment la saison de la célébrissime cure de raisin. Mais aussi un bon moment pour faire le plein de calme : chérir et rechercher ce dernier fait du bien quand les jours décroissent. La tranquillité n'est pas exempte de joies profondes, gages de santé par excellence.

EN ÉTÉ

Toute l'année, on court, on court... on se nourrit un peu à la va-vite, un peu n'importe comment. Le stress et le rythme de vie trépidant empêchent de nous poser, de faire le point, de nous libérer de certaines mauvaises habitudes (tabac, café, sucreries...). L'été, c'est le moment de l'année où l'on prend davantage le temps. En plus, le corps est de sortie : les bourrelets, c'est maintenant qu'on les remarque et qu'on les déteste. Enfin, c'est la saison rêvée pour faire le plein de végétaux : on a envie de salades fraîches, de jus de légumes, de smoothies, bref, de détox. En été, la nature nous offre ce qu'elle a de meilleur : la vie. Les fruits et légumes sont gorgés de vitamines et minéraux appropriés à nos longues expositions solaires. C'est le moment ou jamais de se mettre au diapason ! Privilégiez les aliments qui protègent votre peau et vos yeux des dégâts du soleil.

C'est le cas du melon, de l'abricot et de la pêche, du maïs, des épinards…

En hiver

Bien sûr, il y a les réveillons de Noël, souvent répétés parce qu'il y a celui avec les amis, la famille, la belle-famille, etc., suivis du réveillon du jour de l'an, puis de la très fine galette des rois. Nous connaissons tous les conséquences de ces agapes : corps lourd, système digestif à la peine, impression d'être engoncé, enveloppé, « mal », suite à des excès en tout genre… on n'a qu'une envie, c'est de boire des bouillons de légumes, du thé, de l'eau, du citron, et de manger des pommes cuites ! Plus largement, en hiver, on a besoin de chaud et de consistant. Les soupes, bien sûr, mais n'oubliez pas les céréales et les légumes secs, aliments réconfortants et « réchauffants » (selon la médecine chinoise) par excellence.

À la 5e saison

Une cinquième saison ? De quoi s'agit-il ? Vivaldi ne nous parle que de quatre saisons ? La 5e saison est propre à la médecine chinoise, qui la considère comme une période de grande fragilité. C'est en réalité une « entre-saison », qui couvre deux périodes : la dernière semaine de l'hiver et la première du printemps, puis la dernière semaine de l'été et la première de l'automne. Deux fois 15 jours dans l'année, placés sous le signe de l'élément Terre, pas vraiment connu pour sa légèreté. Selon les Chinois, cette 5e saison est également reliée aux organes « rate » et « estomac ». Pour eux, chaque période de l'année correspond à un élément, une couleur, des aliments, des organes…

Parmi les recommandations classiques :

1. Manger des aliments propices au système digestif :

✓ Fruits : agrumes (citron, clémentine, mandarine, orange, pamplemousse…), ananas, banane, cerise, framboise, mangue, melon, pastèque, pêche, poire, pomme, raisin.

✓ Légumes : aubergine, avocat, bette, brocoli, carotte, courges (toutes, dont potiron), pomme de terre, pousse de bambou. Toujours en rapport avec les concordances de couleur et d'élément, privilégiez les légumes racines, ou qui poussent au ras du sol, les légumes de couleur jaune/orange. Carotte, panais, pomme de terre, potiron, salsifis en sont les exemples parfaits.

✓ Céréales : avoine, blé (sous toutes ses formes), maïs, orge, riz, soja.

✓ Viandes et poissons : canard maigre (type aiguillettes), coquillages, jambon maigre (cuit, découenné), lapin, œuf (surtout le blanc, modérez le jaune), poisson blanc maigre (cabillaud, loup, colin, églefin, sole…), porc maigre (filet mignon), poulet.

2. *Manger chaud, et cuit*, pour faciliter le travail digestif. La cuisson doit être douce : vapeur, mijotage, rapidement sauté à la poêle, en papillotes… Pas de crudités pendant cette 5e saison !

3. *Boire chaud, même pendant les repas* (d'où le thé servi à table), car le froid détruit le feu digestif et empêche de digérer correctement.

Quelques exemples de boissons chaudes détox (vous les retrouverez toutes dans ce livre) :

✓ *L'eau chaude réinventée* (avec une rondelle de citron)
✓ *Cocktail red dingue* (jus de fruits rouges chaud à la cannelle)
✓ *Jus d'orange marché de Noël* (jus d'orange chaud à la cannelle)
✓ *Tea pique détox* (thé vert au jasmin)
✓ *Open bar de printemps* (infusion fumeterre, géranium, mélisse)
✓ *Open bar d'automne* (infusion prêle verveine)
✓ *Open bar d'hiver* (infusion sauge, chiendent, réglisse)

4. *Éviter les saveurs très relevées.* Ce n'est pas le moment de faire une cure d'épices ni de vous lancer dans la cuisine aux huiles essentielles.

Quelle différence entre une détox et un régime minceur ?

La détox permet de s'alléger, de s'affiner, mais elle n'a fondamentalement rien à voir avec un régime minceur. Même si la détox fut jadis l'ancêtre du régime minceur ! Au printemps, il s'agissait, dans une optique de bon sens, de se débarrasser des scories de l'hiver présentes sous forme de kilos, de problèmes de peau, de fatigue. L'objectif était de faire sa mue. On accueillait alors le printemps, symbole du renouveau de la vie, avec une belle énergie.

Aujourd'hui, les régimes minceur ont remplacé la détox, affublée désormais du qualificatif désuet de « cure de printemps » (ou alors plus précisément cure de raisin), « cure d'automne », etc. On ne s'attaque plus au problème de fond pour éliminer les kilos en trop, on s'en prend directement aux kilos pour les traquer, les chasser, se délester de ce qui se voit, sans se préoccuper de notre corps « à l'intérieur ». Une aberration, si on y réfléchit. Et on pousse l'aberration encore plus loin lorsqu'on suit un régime hyperprotéiné : les protéines sont les nutriments qui génèrent la plus grande quantité de déchets dans l'organisme.

Cependant, minceur et détox ne sont pas incompatibles, au contraire ! Si vous recherchez un objectif minceur, la détox est fortement intéressante car ce qu'elle fait à l'intérieur se voit à l'extérieur. Avec en plus l'immense avantage de respecter profondément l'organisme. Pendant et après une détox :

- ✓ on se sent mieux ;
- ✓ on s'affine naturellement en brûlant des graisses et en éliminant l'excès d'eau (rétention) ;
- ✓ on réveille son métabolisme ;
- ✓ on se débarrasse de petits maux (de tête, de digestion, plaques cutanées…).

Alors que suivre un régime minceur met plutôt de mauvaise humeur, fatigue et agresse le corps. À vous de choisir !

Quelques toxiques du quotidien	
Intox	***Info pour ne pas les subir***
Intox environnementales	
Bactéries	Rincez soigneusement. Dans le doute, faites cuire (sérieusement). Pas de crudités si vous ne connaissez pas la provenance de vos végétaux, et ce, qu'ils soient bio ou non !
Métaux lourds (mercure, plomb, cadmium…)	Limitez la consommation de poissons prédateurs (thon…) et de fruits de mer (huîtres, crabes). Vérifiez la composition de votre eau potable et au besoin utilisez un filtre (carafe, filtre à poser sur le robinet…).
Résidus de pesticides	Attention aux fruits et légumes trop bon marché, surtout importés, et surtout non européens (usage de pesticides dans les pays lointains alors qu'ils sont interdits chez nous). Dans l'idéal, achetez bio. Rincez, épluchez (voir conseils p. 34).
PCBs (polychlorobiphényles)	Limitez la consommation de protéines animales (œufs, poissons, viandes, fromages, lait, desserts lactés).
Arsenic et divers polluants mortels	Arrêtez de fumer.

→

Quelques toxiques du quotidien	
Intox	***Info pour ne pas les subir***
Intox liées à la cuisson et aux mauvaises combinaisons alimentaires	
Bisphénol A et phtalates (dans les plastiques) *Ces substances sont désormais interdites, mais encore bien présentes dans les articles en plastique souple et/ou brillant que vous aviez achetés avant 2011.*	Ne faites pas cuire vos aliments dans du plastique (plats préparés en barquette, eau dans bouilloire en plastique, biberons, etc.), y compris au micro-ondes : transvasez d'abord dans une assiette.
Matières organiques volatiles dans moules en silicone	Achetez impérativement des moules résistant à 260 °C/280 °C (pas ceux résistant à 230 °C/240 °C), même si vous ne comptez pas les utiliser à haute température. Évitez les moules en silicone bon marché.
Résidus de téflon	N'utilisez pas de poêle téflon rayée, abîmée. Préférez les casseroles, cocottes et poêles en fonte émaillée ou en verre (Pyrex) de haute qualité. Attention à certaines marques de batterie de cuisine « verte », enthousiasmantes les premières semaines mais qui accrochent rapidement sérieusement. Pensez « simple, robuste, traditionnel de qualité », c'est mieux.
Déséquilibre acido-basique	Consommez plus de fruits et de légumes, moins de protéines animales.

→

Quelques toxiques du quotidien	
Intox	*Info pour ne pas les subir*
Nitrosamines	Évitez les charcuteries et produits fumés (y compris le tabac !), vérifiez la composition de votre eau potable (nitrates). Les nitrates présents dans les salades posent moins voire pas de problème car ils sont accompagnés de vitamine C.
Substances toxiques issues des cuissons agressives	Limitez les grillades, les barbecues. Marinez vos viandes et poissons avant cuisson dans nos marinades détox p. 202. Évitez les fritures et les aliments frits du commerce (chips…). Privilégiez la cuisson vapeur, le mijotage, les papillotes, les cuissons à basse température.
Et chez certaines personnes : l'excès de gluten (blé : pain, pizza, pâtes…) et/ou de lactose (lait, produits laitiers)	Parfois, le simple fait de ne pas consommer du tout d'aliments renfermant du gluten ou du lactose, aide à se débarrasser de nombreux maux (troubles digestifs, fatigue, problèmes de peau récurrents, douleurs articulaires…) qu'on n'imaginait pas reliés à ces « simples » aliments. Ou en tout cas à se sentir nettement mieux. Si vous soupçonnez une intolérance, évitez les aliments à base de lait et de blé pendant 1 semaine, et observez vos réactions.

Qu'est-ce qu'on mange ?

☺ Des fruits, des légumes, des céréales complètes (bio).
☺ Des soupes bien chaudes quand il fait froid. Rien de plus riche en minéraux, rien de plus sain ni de plus réconfortant.
☺ Des soupes froides. Si la soupe est l'exemple type du plat sain en hiver, alors que dire des soupes froides en été : crues, elles contiennent encore plus de vitamines, et aucune enzyme détruite par la chaleur ! Et, bien sûr, toujours autant de minéraux… Revers de la médaille : crus, les légumes sont moins digestes que cuits. Méfiez-vous particulièrement du poivron et de l'oignon.
☺ Du poisson réputé « non contaminé » : cabillaud, colin d'Alaska, daurade, hareng, lieu jaune, saumon du Pacifique, maquereau, sardine. Limitez : thon, espadon, anguille, raie, lotte (150 g maxi/semaine).
☺ Des fruits de mer réputés « non contaminés » : moules, bigorneaux, prairies, couteaux… Limitez : crabes et huîtres (150 g maxi/semaine).
☺ De la dinde.
☺ Du poulet.
☺ Un peu de bœuf maigre (faux-filet, filet, steak).
☺ Un peu de porc (filet).
☺ Des œufs bio.

Qu'est-ce qu'on ne mange pas ?

☹ De la charcuterie.
☹ Des plats en sauce.
☹ De la viande grasse.

☹ Des frites.
☹ Des céréales raffinées (pâtes blanches, pain blanc, riz blanc).
☹ Des sauces, toutes prêtes ou maison (vinaigrette, ketchup, mayo…).
☹ Du fromage.
☹ Des sucreries.
☹ Des desserts lactés, des crèmes glacées.
☹ Des préparations industrielles (on ne veut avaler aucun additif, rappelez-vous !).

Qu'est-ce qu'on boit ?

☺ De l'eau ! De l'eau, de l'eau !!! Plate ou pétillante, peu importe.
☺ De la citronnade maison, pas celle du commerce, sucrée.
☺ Des jus de fruits tendres (au mixeur).
☺ Des jus de fruits « durs » (au blender ou à la centrifugeuse).
☺ Des jus d'orange, de citron, de pamplemousse (au presse-agrumes).
☺ Des smoothies.
☺ Des soupes froides mixées.
☺ Des hydrolats (eaux florales).
☺ Des tisanes et infusions diverses.
☺ De l'eau de concombre et autres eaux de légumes.
☺ Du thé léger, faible en caféine.
☺ Du « thé rouge » (rooibos).
☺ Du maté.
☺ De l'infusion d'hibiscus.

Qu'est-ce qu'on ne boit pas ?

☹ De l'alcool.
☹ Des sodas (avec ou sans sucre).
☹ Des jus de fruits industriels.
☹ De l'eau aromatisée.
☹ Du sirop.
☹ Des soupes instantanées (déshydratées, à la maison ou proposées au distributeur du bureau ou sur l'autoroute, etc.).
☹ Du café.
☹ Du thé trop riche en théine (= caféine).

Faut-il avoir peur des pesticides ?

Qui dit détox dit fruits et légumes en grandes quantités. Certains s'inquiètent, à juste titre, de la qualité des fruits et légumes qu'ils consomment. Effectivement, ce n'est plus un secret pour personne : les pesticides ne font guère bon ménage avec la santé. Vouloir se faire du bien en mangeant des fruits et légumes tout en ingurgitant des résidus de produits chimiques est assez incohérent. C'est un vrai problème. Néanmoins, cela ne retire en rien l'utilité des fruits et légumes. Plutôt que d'angoisser à cause de ce sujet, un réflexe simple : soit vous évitez purement et simplement les végétaux les plus traités ☹ (ce serait vraiment dommage), soit vous les épluchez, soit vous les achetez bio. Deux astuces simples face à l'étal du maraîcher ou en supermarché :

✓ évitez les importations lointaines si vous trouvez l'équivalent en provenance de France ou d'Europe ;

✓ pensez que les fruits et légumes à peau épaisse (ananas, agrumes…) sont mieux protégés que ceux à peau tendre (framboise, abricot…).

Les fruits et légumes les plus traités ☹	**Les fruits et légumes les moins traités ☺**
Céleri branche	Ananas
Cerise	Asperge
Épinard	Avocat
Fraise (évitez les fraises espagnoles !)	Banane
Kiwi	Brocoli
Laitue	Céleri-rave
Nectarine	Choux
Pêche	Concombre
Piment	Maïs
Poire	Mangue
Poivron	Oignon
Pomme	Orange
Pomme de terre (si qualité médiocre)	Papaye
Raisin	Pois
	Pomme de terre (si bonne qualité)
	Tomate

Sources : DGCCRF, Shopper's Guide to Pesticides et EWG (Environmental Working Group).

FAUT-IL ÉPLUCHER LES FRUITS ET LÉGUMES, OUI OU NON ?

Une détox qui intoxiquerait porterait bien mal son nom. Non aux pesticides, mais oui aux vitamines et minéraux ! Les 10 commandements du mangeur vert :

1. *Tous les fruits et légumes se nettoient soigneusement, sans exception.* Même s'ils ont l'air propres et sans terre. Même les fruits qu'on épluche ensuite ou

que l'on entaille/découpe (citron, pamplemousse, melon…) pour éviter de contaminer la chair quand on va plonger la lame du couteau dedans. Le but est d'éliminer le maximum de résidus de pesticides, mais aussi des poussières et microbes divers.

2. *On les rince sous l'eau courante*, on évite de les faire tremper, surtout s'ils sont découpés en petits morceaux, car les minéraux sont alors attirés de l'aliment vers l'eau, et définitivement perdus. Si vous y tenez, vous pouvez éventuellement mettre aussi un peu de savon (à rincer évidemment à fond après) pour les végétaux recouverts d'une couche de cire, comme les pommes, mais plusieurs études ont montré que ça ne servait pas à grand-chose. En tout cas, jamais d'eau de Javel !

3. *Le conseil de ne pas faire tremper souffre trois exceptions :*

✓ Les végétaux qu'il est difficile de rincer à fond, soit parce qu'ils se présentent en plusieurs « couches », soit parce qu'ils sont très « cabossés ». Par exemple certaines salades vertes (frisée, feuille de chêne…). Dans ce cas, pour être sûr de déloger les petits insectes qui adorent se nicher dans les coins, mieux vaut au contraire faire tremper dans de l'eau fraîche avec un peu de vinaigre ou de jus de citron. Rappel : cela ne dispense pas de rincer toujours ensuite la salade feuille par feuille.

✓ Les salades un peu flétries, les radis et autres légumes ayant un petit coup de « mou » : les laisser tremper dans de l'eau très fraîche voire avec des glaçons, les requinque, leur redonne du croustillant et de l'assurance.

✓ Les fruits non bio à la peau très tendre et que l'on n'épluche pas, type framboise, pêche, abricot. Oui, ils vont y perdre du parfum, mais pas mal de pesticides aussi…

4. *Pour éliminer un maximum de pesticides, rincez à l'eau tiède + frictionnez ou brossez l'aliment*, ou passez-le à l'éponge abrasive (évidemment, dédiez une éponge exclusivement à cela).

5. *Les fruits et légumes bio peuvent se consommer avec la peau,* lorsque l'aliment s'y prête (pomme, carotte, courgette, concombre…), que la peau est impeccable et vous fait envie. C'est l'idéal, car on profite ainsi de nombreux minéraux, polyphénols antioxydants (pigments colorés) et fibres présents dans la peau. En l'épluchant, on se prive de 20 % à 30 % (voire plus) de ces bienfaiteurs nutritionnels.

6. *Pour les gros légumes « en rond »* (salade type laitue, chou…), éliminez les feuilles extérieures, qui ont été aux premières lignes de la manipulation, sont passées de main en main, peut-être tombées par terre, ou en contact avec les cagettes traitées, etc.

7. *Si vous êtes adepte de la cueillette sauvage,* et c'est vrai que ces spots de champignons ou ces kilomètres de mûres sont bien tentants, méfiez-vous quand même des végétaux au ras du sol. Ils peuvent être contaminés par de l'urine d'animaux et véhiculer une bactérie embêtante. En hauteur, c'est mieux.

8. *Pelez le plus finement possible.* Une forte concentration de nutriments bénéfiques se situe également juste sous la peau. Ne vous en privez pas. Tous les fruits et légumes à la peau tendre peuvent se passer d'épluchage (carottes primeur, jeunes asperges, pommes de terre nouvelles…). Si cela vous paraît bizarre de manger un concombre avec sa peau, commencez par éplucher une bande sur deux. Du plus bel effet !

9. *Éliminez sans pitié une large partie autour d'une « blessure »* de fruit ou de légume : c'est forcément un repaire à microbes. Dans le doute (odeur bizarre, consistance étrange), jetez l'aliment.

10. *Brossez soigneusement les champignons et coupez largement leur pied.* Chaleur + humidité = pourriture = champignon. C'est un peu cru dit comme ça, mais songez-y. Or, qui dit pourriture (même noble), dit risque de colibacille. Soyez rigoureux lorsque vous préparez à manger, surtout ce que vous destinez à une consommation crue.

Les 29 meilleurs aliments détox

1. L'abricot : belle peau, joli teint

Composés détox : potassium, bêta-carotène

Antidiarrhéique à l'état frais, il devient laxatif à l'état sec ! Un abricot « vrai » (bio) est une mine de vitamines très bénéfiques pour la peau. Tant que l'abricot n'est pas totalement mature, sa peau est duveteuse : un bon « truc » à connaître pour éviter d'acheter des abricots trop fermes, qui ne mûriront plus une fois chez vous et se révéleront, de plus, agressifs pour l'estomac. Il renferme de la provitamine A (carotène), des vitamines B1, B2, B3, C, de nombreux minéraux (magnésium, phosphore, calcium, fer, zinc, cuivre, manganèse, potassium, sodium, soufre, fluor, cobalt, chrome...).

- **Jus.** Les abricots passent très bien au mixeur... mais le jus s'abîme à la vitesse grand V. Dépêchez-vous !
- **Cuisson.** Curieusement, l'abricot cuit devient moins « sucré » parce que plus « acide » bien que ces sensations soient subjectives. Si vous aimez les saveurs acidulées, vous pouvez tenter la compote d'abricot (sans sucre, évidemment). Pas de confiture en détox !

Abricots secs bio

Les abricots secs sont recommandés en cas de constipation. Mais ils contiennent souvent un additif appelé anhydride sulfureux. Les personnes allergiques (notamment asthmatiques) devraient opter pour des fruits secs bio qui n'en contiennent pas. On reconnaît facilement les abricots secs traités : ils sont orange vif, tandis qu'au naturel, ils prennent une teinte marron.

2. L'agar-agar : le coupe-faim malin

Composés détox : fibres solubles

Ce n'est pas un aliment proprement dit (on ne fait pas une détox radicale d'agar-agar !) mais un précieux ingrédient détox que vous retrouverez dans certaines de nos recettes. Contrairement à la gélatine, faite de protéines, l'agar-agar est constitué exclusivement de fibres (douces). Cette différence change tout sur le plan métabolique et détox. Ce gélifiant se comporte comme une éponge à toxiques dans le tube digestif. Tel un aspirateur, il attire à lui les indésirables, y compris du cholestérol et du sucre, ce qui explique qu'il soit recommandé aux diabétiques et aux personnes ayant trop de cholestérol. En outre, ce gel qu'il forme dans l'estomac coupe durablement la faim et aide ainsi à « tenir » jusqu'au prochain repas. Très utile, l'agar-agar est si facile à employer en cuisine. Enfin, il se comporte en vrai gentleman vis-à-vis des fruits et des légumes, dont il respecte parfaitement la saveur, la couleur, les parfums : à vous les magnifiques terrines express joliment transparentes, prêtes en moins de temps qu'il n'en faut pour le dire !

Depuis peu on trouve enfin l'agar-agar au rayon aide-culinaire et/ou diététique, en grandes surfaces, donc partout. Mais si la vôtre n'est pas encore équipée, rabattez-vous sur la boutique bio proche de chez vous, ou encore sur les magasins de produits culinaires.

- **Jus.** Pourquoi ne pas imaginer une utilisation dans des jus chauds détox et coupe-faim ? Nous l'avons fait pour vous, bien sûr… et ça marche ! (Voir p. 233)
- **Cuisson.** Pour « prendre », l'agar-agar doit impérativement bouillir 1 minute dans un liquide ou une préparation molle (compote…).

3. L'ananas : la machine à enzymes digestives

Composés détox : potassium, acide citrique, enzymes

On a longtemps prétendu qu'il faisait maigrir, d'où le fameux « régime ananas ». En fait, la broméline

– l'enzyme « magique » qui ferait fondre – aide à digérer les protéines. Au point que les ouvriers qui travaillent dans les plantations doivent porter des gants, sinon la peau de leurs mains serait littéralement « digérée » ! Pour les consommateurs, aucun risque : c'est essentiellement dans la tige que se concentre ce composé. Cela dit, il en reste quand même dans la chair, et l'ananas frais reste ainsi un bon activateur de digestion des viandes et autres aliments riches en protéines. En revanche, dès qu'il chauffe, qu'il passe au four, ou qu'il subit les transformations nécessaires à sa mise en boîte (conserve, ananas au sirop…), ça ne marche plus : c'est donc ananas frais ou rien ! Il renferme aussi d'autres enzymes appelées desmolase, invertase, pectase et péroxydases, toutes utiles pour mieux digérer, ce qui en fait un fruit de choix en cas de troubles digestifs ou pancréatiques. Cette fine équipe enzymatique dissout les agglomérations d'aliments qui stagnent dans l'estomac (on les appelle « bézoards ») et sont responsables d'inconfort digestif. En revanche, ne le choisissez pas pour une détox radicale si vous avez l'estomac fragile, car ses fibres ne sont pas forcément bien tolérées, surtout celles très dures près du cœur. Il est enfin recommandé en cas de mauvaise circulation et de faiblesse immunitaire.

- **Jus.** Passez les tranches d'ananas épluchées à la centrifugeuse. C'est délicieux ! Attention : un jus d'ananas se consomme immédiatement après préparation, sinon il fermente et devient vite imbuvable.
- **Cuisson.** Pour cuire l'ananas au four, il suffit de le peler, le couper en tranches et le placer à four

chaud pendant une bonne demi-heure. Vous pouvez l'arroser régulièrement, soit avec de l'eau, soit avec un jus épicé pour lui donner du goût. Mais rappelez-vous : adieu bromélaïne et autres enzymes.

4. L'asperge : star de la purification

Composés détox : potassium,
asparagine, asparagose,
acide chelindonique, coniférine

C'est elle que vous devez choisir si vous souffrez d'indigestions et/ou de rétention d'eau. Elle coupe l'herbe sous le pied des nausées. Hyper-détox, hyper-dépurative.

- **Jus.** Ça existe, mais ce n'est vraiment pas un must. Et c'est entière qu'elle délivre le mieux ses fibres solubles. En revanche, du jus d'asperge pour assaisonner une préparation aux asperges, c'est malin !
- **Cuisson.** Une fois parées (pelées pour les blanches, bien rincées et au pied coupé), les asperges rendent les armes en quelques minutes à la vapeur, à l'eau ou poêlées…

5. L'artichaut : un foie en parfait état

Composés détox : cynarine, potassium, soufre

L'un des légumes les plus drainants et « nettoyants ». Chaud ou froid, c'est toujours un plaisir savoureux qu'il est bien inutile de noyer sous la vinaigrette… et si le cœur est souvent très recherché, ne négligeons pas les feuilles, elles aussi porteuses de bienfaits pour la santé.

Cure de jouvence hépatique, l'artichaut est un aliment détox incontournable puisque le foie est précisément l'organe « éboueur » de notre corps. Si vous vous sentez un peu nauséeux, c'est parce qu'il est débordé. Aidez-le ! L'artichaut protège le foie grâce à un tanin, la cynarine. Il stimule la production de la bile et peut donc être utilisé en cas de nausées. Ce sont les feuilles externes qui en concentrent le plus. En fait, pour en bénéficier totalement, il faudrait faire une décoction de ces feuilles. C'est pourquoi l'eau de sa cuisson possède aussi ces propriétés : pourquoi ne pas l'utiliser pour préparer les potages ?

L'artichaut se consomme très frais : plus on attend, plus il devient fibreux et amer. Rincez-le bien avant utilisation car il « retient » les résidus de pesticides dans les replis de ses feuilles.

Attention !

Ce légume se conserve très mal après cuisson. Des moisissures toxiques peuvent se développer. N'en préparez pas d'avance !

- **Jus.** Pas bon…
- **Cuisson.** Seuls les petits artichauts violets sont utilisés pour les préparations crues. Sinon, l'archétype de l'artichaut, breton le plus souvent, se cuit rapidement à la vapeur (15 à 30 minutes).

6. L'aubergine : no cholestérol

Composé détox : fibres

Anticholestérol, elle aide aussi à stabiliser l'appétit selon le même principe que l'agar-agar et que tous les aliments très riches en fibres solubles. En programme détox, c'est évidemment cuite à la vapeur et non frite ni rissolée qu'il faut envisager les choses… En plus, c'est l'un des légumes les moins caloriques, n'allons pas tout gâcher avec un bain d'huile, quand bien même elle serait d'olive !

- **Jus.** Pas bon et certainement pas la meilleure façon de profiter des fibres détox…
- **Cuisson.** Coupez en morceaux, comptez 10 minutes à la vapeur.

7. L'avocat : le nettoyeur

Composés détox : glutathion, bonnes graisses

Ce n'est pas l'idée qu'on se fait d'un aliment détox. Et pourtant, l'avocat possède un solide argument : sa haute teneur en glutathion, antioxydant majeur, supérieur à tous les autres. Le pauvre, longtemps écarté des « détox » et « régimes » pour cause de teneur confortable en graisses, il n'a jamais eu l'occasion de prouver ses propriétés purifiantes. Et pourtant, non seulement il renferme du glutathion (retour à la p. 7 pour ceux qui ont oublié de quoi il s'agit), mais en plus il permet de capter les toxines seulement solubles dans la graisse (et elles sont très, très nombreuses) pour les évacuer. Si on ne mange pas du tout de graisse pendant la détox, on n'élimine pas ces toxines précises, pourtant parmi les plus nocives ! Par exemple, l'alcool. Ne boudez plus l'avocat sous prétexte qu'il est un peu « gras » : c'est son meilleur atout, et en plus ce sont des graisses protectrices pour le cœur…

- **Jus.** Pourquoi pas ; dans ce cas il est sucré (au miel ou au sirop d'agave) et mixé avec du lait de soja. Addictif pour certains, un peu écœurant pour d'autres : à tester pour se faire une idée.
- **Cuisson.** Non (ça existe mais…).

8. La betterave : la couleur pourpre antioxydante

Composés détox : bétalaïne, méthionine

Encore une grande oubliée des programmes minceur et détox sous prétexte qu'elle apporte plus de calories que de la laitue ! Et alors ? Elle donne pourtant un sacré coup de main au foie pour dégrader les graisses et passe le balai dans les coins, afin d'évacuer les déchets naturellement produits par le corps, tout particulièrement en période de régime.

Par ailleurs, elle renferme des fibres, mais surtout une quantité ahurissante d'antioxydants. Il suffit de voir sa couleur…

- **Jus.** Un délice !
- **Cuisson.** On a plus souvent l'habitude d'acheter et de manger de la betterave cuite, bien qu'on la classe parmi les « crudités ». Mais celles que l'on trouve crues et que l'on râpe, ou fait cuire soi-même n'ont rien à voir avec les choses baignant dans ce liquide vinaigré un peu bizarre qui est le lot commun de tant de betteraves…

9. La carotte : l'autobronzant

Composés détox : potassium,
fibres douces, provitamine A

Voici un autobronzant naturel, qui donne bonne mine en toutes saisons. Ses talents ne sont pas seulement cosmétiques : elle purifie et détoxe tout en reminéralisant. En plus, peut-être parce qu'elle est particulièrement digeste, tout le monde aime la carotte, elle fait consensus dans le monde des légumes, ce qui n'est pas si courant. Dans la mesure du possible, ne l'épluchez pas ou le plus légèrement possible. C'est juste sous sa peau que se concentre le maximum de vitamines…

- **Jus.** Un vrai bonbon à boire !
- **Cuisson.** Elle libère les carotènes, permettant ainsi à notre corps de mieux les assimiler.

Voir aussi « hydrolat de carotte » p. 59.

10. Les céréales complètes (riz complet, sarrasin…) : nourrissantes, réchauffantes, reminéralisantes

Composés détox : protéines maigres, fibres, minéraux

Avec les légumineuses, c'est la source majeure de protéines végétales. Les céréales « calent », elles sont très nourrissantes, c'est leur travail nutritionnel pourrait-on dire. En hiver, une monodiète de céréales complètes peut être intéressante, sur une journée, afin de mettre le système digestif au repos tout en remplissant l'estomac comme il se doit.

Associées aux légumineuses, donc, les céréales remplaceront avantageusement les protéines animales. Mangez-en un peu à chaque repas, soit sous forme de pain complet, soit sous forme de flocons (avoine…), soit dans la soupe, en assiette végétarienne ou toute autre préparation de votre choix.

Thé de sarrasin, thé détox

L'heure du *tea time* est sacrée chez nos amis anglais. Chez les Japonais, c'est plutôt l'heure du *sobacha time*, littéralement « thé de sarrasin ». Extra-riche en flavonoïdes (notamment en rutine), antikilos, antihypertension, anticholestérol, c'est un super-draineur qui aide à lutter contre la rétention d'eau. Expert, il allège et désinfiltre, c'est un

→

anti-jambes lourdes. Autre gros avantage : comme ce n'est évidemment pas du « vrai » thé, il ne renferme pas un atome de caféine et peut donc être consommé toute la journée. Ce que nous vous recommandons si vous faites de la rétention d'eau. Il se boit glacé en été, chaud en hiver. Pour le préparer, l'idéal est de se procurer du vrai sobacha, c'est-à-dire des grains de sarrasin décortiqués (en boutiques de thé, épiceries exotiques, restaurants japonais, Internet...). Avec un peu de dextérité, on peut aussi le faire soi-même : achetez des grains de sarrasin (boutiques bio), faites-les sauter plusieurs minutes dans une poêle chaude, à sec (pour les torréfier, leur donner un divin petit goût de noisette grillée et éviter que l'opération tourne à la bouillie peu appétissante une fois dans votre tasse), puis faites infuser exactement comme du thé. On peut grignoter les grains gonflés d'eau en fin de tasse.

Jus. Les jus d'herbes existent, notamment celui d'herbe d'orge, un grand classique en détox « poussée ». Maintenant, sur le plan gustatif, cela reste assez spécial. Pas faciles à se procurer, vous n'en trouverez pas dans ce livre. Et encore moins de la bière de quinoa et autre alcool d'épeautre... pourtant vendus dans de nombreuses boutiques.

Cuisson. C'est ainsi que les céréales sont habituellement consommées, et digestes. À chacune son temps de trempage et de cuisson. Les complètes sont un peu plus longues à cuire, forcément, mais on trouve désormais du riz semi-complet presque aussi rapide à préparer que du riz blanc. Tant mieux !

11. Les cerises : antirhumatismes

Composés détox : potassium, sorbitol, composés alcalins

Le temps des cerises est si court qu'il faut en profiter pleinement ! C'est l'un des fruits les plus appréciés et c'est bien normal car il est gorgé de sucre et si appétissant. Hyper-dépurative, un brin laxative, la cerise « lave », détoxifiant autant l'appareil urinaire que les articulations. Pensez bien cependant que sous forme de monodiète (détox radicale), cet admirable fruit peut se révéler *vraiment* laxatif et diurétique. Il est donc plutôt recommandé aux personnes qui se plaignent d'un transit intestinal ralenti.

Pour bien digérer les cerises, il faut bien les mâcher et ne pas boire trop d'eau au même repas. Plus elles sont mûres et juteuses, plus leur peau est fine, plus elles seront digestes.

- **Jus.** Une merveille, bien sûr. N'oubliez pas de les dénoyauter avant de les passer au mixeur ou à la centrifugeuse !
- **Cuisson.** On peut les poêler mais surtout les pocher 5 à 10 minutes dans un liquide épicé (épices spécial « vin chaud »).

Le truc en +

Les cerises rouges, violettes ou noires contiennent des pigments très protecteurs, les anthocyanes. Elles soulagent de la goutte en s'opposant à l'accumulation d'acide urique sous forme de cristaux dans les articulations.

12. Les choux et la choucroute : les surdoués de l'immunité

Composés détox : vitamine C, soufre, minéraux, chlorophylle, glucosinolates, acide alphalipoïque

Tous les choux (chou-fleur, de Bruxelles, brocoli, choux rouge, vert et blanc…) sont antioxydants et se révèlent être de puissants dépuratifs. Ils contiennent en outre des substances qui augmentent la résistance immunitaire et participent à la prévention de nombreuses maladies. Hélas, le chou n'a pas la réputation d'être facile à digérer. On améliore nettement ce problème en le cuisant dans deux eaux (on jette la première, qui contient une grande partie des composés soufrés mal tolérés et on poursuit la cuisson dans une seconde eau ou à la vapeur) et en ajoutant quelques herbes ou épices favorisant la digestion. C'est d'ailleurs la fonction des graines de genièvre dans la fameuse choucroute. Pensez au brocoli, plus digeste que ses frères, qui apporte en outre de l'acide alphalipoïque, génial composé qui aide à brûler les sucres plutôt que de les stocker ! Enfin, dernière info mais non des moindres, le chou est tellement riche en vitamine C que même mijoté pendant longtemps, il reste une source appréciable. Or, la vitamine C empêche la transformation des nitrates en nitrosamines toxiques. Détox ! Détox !

- **Jus.** Le jus de chou a ses adeptes… Pourquoi pas, mais il faut aimer ! En tout cas le chou cru calme les ulcères, son jus est donc tout indiqué si vous souffrez de maux d'estomac.
- **Cuisson.** Un « truc » pour les petits choux (brocolis, romanesco…) : pochés dans l'eau

bouillante, retirés alors qu'ils sont encore craquants, passés sous l'eau fraîche pour stopper la cuisson, et réchauffés dans une poêle.

La choucroute : du chou prédigéré

Le chou fermenté (choucroute) est un superaliment : composée de lanières de chou blanc mises à fermenter durant plusieurs semaines, la choucroute devient un aliment dit « lactofermenté ». Cette opération casse les fibres, renforce la présence d'acides aminés et de vitamines B. Il s'y développe des bactéries probiotiques, comparables à celles du yaourt, qui « prédigèrent » ce légume et colonisent amicalement notre intestin. La choucroute est donc très digeste. C'est l'accompagnement gras qui l'est moins !

13. Le citron : master cleaner

Composés détox : vitamine C, flavonoïdes, acide citrique

Maître de la détox, expert ès régularisation digestive, aucun fruit, aucun légume ne peut détrôner ce nettoyeur en chef. Si son acidité ne fait peur ni à vos papilles gustatives ni à votre estomac, lancez-vous dans une monodiète radicale de 1 ou 2 jours. Sinon, ajoutez simplement du citron sur tous vos plats et dans toutes vos boissons pendant une quinzaine de jours, cela fait déjà beaucoup de bien. Autre chose : difficile de faire plus riche en vitamine C. Or, cette admirable vitamine empêche les nitrates (neutres) de devenir des nitrosamines (très toxiques). Nous devrions tous en consommer un petit filet à chaque repas, soit sur nos aliments, soit dans notre eau de boisson.

- **Jus.** Mieux que ça : « L'eau chaude réinventée » (voir p. 136) ou « Éliminator » (voir p. 101). Sinon, un simple citron pressé dans de l'eau, fraîche en été, chaude en hiver, et c'est parti.
- **Cuisson.** C'est pour le zeste qu'elle est intéressante, surtout.

14. Le concombre : mangez, éliminez !

Composés détox : eau, potassium, extra-light

Extra-riche en eau et en potassium, extra-pauvre en sodium (sel) et en calories, c'est le légume diurétique, anti-rétention d'eau par excellence. Mangez, éliminez ! Rien de plus banal qu'un concombre ? Peut-être… Mais saviez-vous qu'il renferme de la citrulline, un acide aminé anti-impuissance et anti-fonte musculaire ? À méditer… Vous le digérez mal ? Laissez-lui sa peau et retirez ses grains.

- **Jus.** Trop frais, trop désaltérant ! Et l'eau de concombre, vous avez déjà tenté ? Allez vite goûter ça (p. 100).
- **Cuisson.** On n'y pense jamais, pourtant, cuit en tronçons de 4 centimètres, à la poêle, avec un peu d'origan… mmmm !

15. Les épinards : bon cœur bon œil

Composés détox : vitamine C, soufre, chlorophylle, glucosinolates, acide alphalipoïque

En saison, au printemps, quoi de plus délicat qu'une belle salade de jeunes pousses d'épinards ? Mais lentement fondus à la casserole, ils prennent un tout autre visage, aussi séduisant (malgré les souvenirs mitigés de la cantine). L'épinard fait partie des légumes les plus intéressants pour la santé et incontournables pour une détox reminéralisante. Fortement pourvu en vitamine B9, il protège le cœur, les yeux, et est spécialement recommandé aux femmes.

- **Jus.** Honnêtement, seul, il ne tutoie pas les sommets gustatifs. Mais dans un blender avec plusieurs amis, il a parfaitement sa place. Goûtez notre *Green smoothie 100 % chlorophylle*, épinard/cresson/mâche, pour que du sang vert coule dans vos veines !
- **Cuisson.** Notre mode de cuisson préféré : laissez-le fondre doucement à la poêle ou dans une casserole, sans rien d'autre qu'un peu d'huile d'olive.

16. La grenade : elle explose les toxiques !

Composés détox : polyphénols antioxydants

Quel ramdam autour de ce fruit, depuis quelque temps ! Il est vrai que selon une étude de l'Université de Californie, parmi les boissons antioxydantes, le jus de grenade arriverait en numéro 1, avec une activité antioxydante trois fois plus importante que le thé et le vin rouge (selon la Société française des Antioxydants). Classement : 1/ jus de grenade, 2/ vin rouge, 3/ jus de raisin Concord, 4/ jus de myrtille, 5/ jus de cerise tardive, 6/ jus d'açaï, 7/ jus de cranberry, 8/ jus d'orange, 9/ thé, 10/ jus de pomme. Cependant, à l'origine, ce fruit de paradis (c'est lui qu'Adam et Ève auraient croqué, et non une pomme… à vérifier parce que, au paradis, ils n'avaient ni fourchette ni petite cuillère, alors cela ne devait pas être très pratique à manger ?) était consommé sur ses terres d'origine pour ses propriétés antiparasitaires et détoxicantes digestives. De la détox viscérale et en profondeur, pourrait-on dire.

- **Jus.** C'est probablement la forme la plus intéressante car il renferme la peau blanche du fruit, qu'on ne consomme pas lorsqu'on le croque.
- **Cuit.** Pour quoi faire ?

17. Les herbes et épices : 20 concentrés détox

Composés détox : huiles essentielles, polyphénols antioxydants, vitamines (herbes), fibres (herbes et cannelle)

Les aromates possèdent de grandes qualités détox et, en plus, ils remplacent, ô combien avantageusement, des aliments plus discutables. En effet, en parfumant les plats salés comme les desserts, ils évincent les exhausteurs de goût que sont les graisses, le sel et le sucre.

1. *Baies roses :* stimulent l'efficacité du glutathion.
2. *Basilic :* aide à digérer et à assimiler, antinitrosamines.
3. *Cannelle :* coupe-faim, augmente la teneur du glutathion dans le foie.
4. *Carvi :* stimule l'activité du glutathion.
5. *Citron (zeste/huile essentielle) :* stimule l'activité du glutathion.
6. *Coriandre :* aide à digérer et à assimiler.
7. *Curcuma :* sa curcumine est super-détox. À prendre en jus (cher mais top efficace) ou en poudre classique – à associer éventuellement avec du poivre pour assimiler plus vite sa curcumine, mais ce n'est pas obligatoire, contrairement aux idées reçues !
8. *Gingembre :* augmente la concentration sanguine de glutathion.
9. *Girofle :* piège les toxiques.
10. *Mélisse :* piège les toxiques.
11. *Menthe :* stimulante (sans caféine), aide à digérer et à assimiler, antinitrosamines.
12. *Moutarde :* ça pique, c'est soufré, c'est détox !
13. *Muscade :* augmente l'activité du glutathion.
14. *Nigelle (cumin noir) :* c'est un « faux poivre » (voir « poivre »)… mais une vraie épice détox !
15. *Oignon :* diurétique, antinitrosamines.
16. *Persil :* diurétique, antinitrosamines, augmente le taux de glutathion dans le sang.
17. *Poivre* (tous, y compris les « faux poivres ») : stimule l'efficacité du glutathion.
18. *Raifort :* comme la moutarde, les radis noir et rose, ça pique, c'est soufré, c'est donc super-détox.

19. *Romarin :* détox hépatique.
20. *Thym :* détox des poumons. On respire mieux !

- **Jus.** En petite touche dans un smoothie ou sous forme d'infusion, bien sûr, ça marche !
- **Cuit.** C'est ainsi que les épices donnent le meilleur : elles peuvent mariner, mijoter, griller même, sans broncher. Sauf exception, les herbes, plus fragiles, sont à ajouter plutôt en fin de cuisson.

18. Les hydrolats (eaux florales…) : détox de fer, gant de velours

Composés détox : eau, phytonutriments, huiles essentielles (traces)

La plupart des huiles essentielles sont obtenues par distillation à la vapeur d'eau. Lors de ce processus, la fraction non soluble dans l'eau (les huiles essentielles) est séparée de la fraction soluble dans l'eau (les hydrolats, ou hydrosols, ou eaux florales). Les hydrolats sont donc en quelque sorte des « eaux d'huiles essentielles ». Elles renferment environ 2 à 3 % de principes actifs issus du végétal. On les appelle généralement les eaux florales (eau de rose, eau de fleur d'oranger…) mais il y a aussi des eaux « de feuilles » (eau de romarin, de thym…). Dès qu'il y a une huile essentielle, en principe, on peut trouver son hydrolat. En réalité, ce n'est que rarement le cas, car sa grande richesse en eau rend le produit très instable (contrairement aux huiles essentielles) et donc difficile à commercialiser. Dommage, car leur grande douceur les rend très faciles d'emploi, et pour toute la famille. Songez que l'on fait des bains d'yeux à l'eau de bleuet, c'est dire leur délicatesse !

Nous vous proposerons cependant plusieurs recettes à base d'eau florale. Chaque eau florale possède ses propriétés, donc ses indications. On les utilise très souvent en cosmétique car elles parfument, purifient, tonifient avec une belle efficacité et une extrême douceur. Mais certaines sont délicieuses en cuisine, et possèdent des vertus détox intéressantes. Comptez 1 cuillère à soupe d'hydrolat dans 1 litre d'eau ou 1 cuillère à café bien pleine pour 1 belle tasse d'infusion pour les plus puissants en bouche (ex : achillée). Pour les hydrolats plus discrets, on peut aller jusqu'à doubler les doses. Mais augmentez progressivement : si la saveur des hydrolats n'est pas violente, leur persistance en bouche surprend souvent le néophyte.

- ✓ *Achilée millefeuille :* détox, diurétique, drainant, anticellulite, bon pour la digestion, antidouleurs digestives, soutient le foie (organe détox clé). Recommandé en cas de rétention d'eau et de cellulite.
- ✓ *Basilic :* bon pour le foie et la vésicule biliaire, antinausées et douleurs digestives. Recommandé en cas de détox à visée digestive et d'allergie au pollen (faire une cure en début de printemps, avant l'apparition des symptômes).
- ✓ *Camomille romaine :* facilite la digestion, surtout en cas de « nœuds » et de spasmes liés à des contrariétés, une angoisse… Recommandé en cas de détox à visée digestive, de stress.

- ✓ *Cannelle :* pansement pour convalescence digestive. Recommandé en cas de détox pour retrouver une bonne santé digestive après une infection (gastro-entérite, turista...).
- ✓ *Carotte :* master détox ! Cet hydrolat est excellent pour le foie et la vésicule biliaire. Il stimule les organes éliminateurs (émonctoires). Recommandé en cas de détox métabolique (pour faire baisser son taux de cholestérol, sa tension artérielle, son taux d'urée...), recherche d'équilibre acido-basique, lourdeurs, impression d'être « intoxiqué ». Cure conseillée après les fêtes.
- ✓ *Cassis :* diurétique, anti-inflammatoire, antioxydant. Recommandé en cas de détox anti-douleurs articulaires.
- ✓ *Cyprès :* diurétique, antiœdèmes. Recommandé en cas de détox à visée décongestionnante.
- ✓ *Encens :* soutien immunitaire, antiseptique, diurétique. Recommandé en cas de détox anti-infections urinaires et pour booster l'immunité en général.
- ✓ *Fleur d'oranger :* antistress, bon pour le sommeil. Recommandé en cas de détox pour « faire le vide », retrouver la sérénité. Ne confondez pas l'hydrosol de fleur d'oranger avec les produits vendus au rayon pâtisserie des supermarchés, en général de l'eau parfumée dans le meilleur des cas à l'huile essentielle, sinon avec des arômes de synthèse. Aucune action détox dans ce cas, vous vous en doutez !
- ✓ *Genévrier :* diurétique, facilite la circulation sanguine. Recommandé en cas de détox à visée circulatoire.

- ✓ *Hélichryse :* excellent pour la circulation sanguine et lymphatique. Recommandé en cas de détox pour activer le sang (personnes frileuses, membres lourds, tendance à la cellulite…).
- ✓ *Lavande :* calme les nerfs et les brûlures d'estomac liées au stress. Recommandé en cas de détox anti-acidité (recherche de purification interne, d'haleine fraîche, d'estomac en paix…).
- ✓ *Lédon du Groënland :* super-détox, super-allié du foie. Recommandé en cas de détox « convalescence », notamment à visée digestive (mais pas uniquement). Cure conseillée après toute maladie.
- ✓ *Menthe :* rafraîchissant, stimulant digestif. Recommandé en cas de détox digestive en été.
- ✓ *Romarin à verbénone :* super-détox. Recommandé en cas de détox à visée digestive.
- ✓ *Rose de Damas :* régulateur hormonal, coupe-faim, l'expert des troubles féminins. Recommandé en cas de détox pour rétablir l'équilibre hormonal (douleurs et mal-être liés aux règles). Cure conseillée en cas de syndrome prémenstruel ou de régime minceur (calme l'appétit).
- ✓ *Thym à linalol :* bon pour l'immunité, antibactérien, antiparasitaire. Recommandé en cas de détox avant la saison froide ou avant un voyage en pays étranger en condition « nature » (risque de turista…).
- ✓ *Verveine :* booste le métabolisme et la digestion. Recommandé en cas de détox à visée tonifiante, notamment manque d'entrain lié à une hypothyroïdie mal équilibrée, se traduisant par des lenteurs digestives, une constipation, etc.

Cure d'hydrolat. En dehors de toute recette détox culinaire, vous pouvez très bien faire des cures d'hydrolat : buvez chaque jour 1 litre d'eau dans lequel vous aurez versé 1 à 2 cuillères à soupe de l'hydrolat choisi, pendant 21 jours, voire 40 jours aux changements de saison (recommandé).

Attention ! Vérifiez impérativement que votre hydrolat ne contient aucun conservateur chimique : de nombreuses marques, même bio, en renferment. Revers de la médaille : conservez votre flacon au réfrigérateur, et consommez-le rapidement.

Un parfum d'Orient

L'eau de fleur d'oranger résulte de la macération des fleurs de bigaradier. Il est vivement recommandé d'en avoir toujours dans sa cuisine parce que c'est :

1. très très très bon,
2. idéal pour aromatiser sans sucrer. En aromathérapie, l'eau de fleur d'oranger (on le redit : la vraie, naturelle, pas l'ersatz vendu au rayon pâtisserie des grandes surfaces), aussi appelée « hydrolat de fleur d'oranger », est utilisée pour apaiser, calmer, induire le sommeil, notamment chez les enfants, mais aussi chez les grands. Une petite cuillerée, et bonne nuit les petits.

Quelques pistes pour acheter des hydrolats sur Internet, voir annexes p. 243.

19. Le maté : l'*energy drink* argentin

Composés détox : chlorophylle, polyphénols, saponines, acide chlorogénique

Anti-fatigue physique et mentale, le maté stimule les facultés du corps, de l'immunité et de l'esprit un peu comme le thé vert, mais en plus fort. Contrairement aux idées reçues, le maté renferme de la caféine, c'est même son principal « principe actif » : il en contient plus que le thé, mais moins que le café. La médecine traditionnelle indienne (ayurvéda), le recommande en cas de maux de tête et de fatigue, de même que contre les douleurs articulaires et la dépression. Tout pour bouger plus et se sentir bien dans son corps et dans sa tête, en somme ! Comme le thé, il aide à contrôler son poids et son appétit. En Argentine, patrie du maté, tout comme au Chili ou en Uruguay, on le consomme en groupe, mais chez nous, une tasse « normale » fera l'affaire. On le compare souvent au thé (certains chercheurs estimant même qu'il est plus protecteur que le thé vert le plus protecteur), mais il est quand même un peu différent ; par exemple, il renferme de l'acide chlorogénique, anticancer, alors que le thé, non. En revanche, ce dernier contient certaines molécules comme le fameux EGCG anticancer lui aussi, très étudié. Plutôt que de les comparer, buvez les deux !

Un conseil pour les novices en maté : si votre première approche ne vous enthousiasme pas, persévérez un peu. Regoûtez la chose quelques jours plus tard, tranquillement. Puis à nouveau quelques jours après. Le maté n'a pas un goût « facile » d'accès, mais plus on le boit, plus on l'aime. Comme le renard du Petit Prince, il s'apprivoise…

- **Infusion.** Faites infuser 2 grammes dans une tasse d'eau frémissante pendant 7 minutes environ. Le breuvage obtenu est quelque peu amer : bien pour digérer (on est en détox, on n'y pense même pas).

20. Le melon : l'oasis purifiant

Composés détox : potassium et nombreux minéraux drainants et/ou bons pour l'équilibre acido-basique

Il protège la peau et les yeux. Peu nutritif, et donc recherché par ceux et celles qui veulent retrouver ou conserver la ligne, le melon est de plus un excellent dépuratif, et des plus goûteux ! C'est le fruit le plus conseillé en cas de fortes chaleurs car il est très désaltérant et particulièrement diurétique.

- **Jus.** Prélevez la chair des melons et passez-la au mixeur. Vous pouvez lui adjoindre de la pastèque ou du melon jaune d'Espagne, dont la composition nutritionnelle très proche n'alourdit en rien le travail digestif.
- **Cuisson.** Attention car on bascule vite du melon tiédi et parfait à la chair trop ramollie. Vous pouvez tenter quelques cubes en papillote, mais entraînez-vous d'abord avec ce dessert simplissime : coupez en deux un melon (ou, mieux, des tranches), et passez-les à la poêle ou au four, juste histoire de les réchauffer. Facile et classe !

Le truc en +

Le melon est un bienfaiteur absolu de la peau. Profitez de votre détox pour vous appliquer un masque hautement anti-inflammatoire sur le visage ou sur une partie du corps irritée. On peut aussi étaler sa chair sur les coups de soleil ou sur une peau sèche pour la rendre plus souple.

Attention ! En jus, smoothie ou soupe froide, on a tendance à le consommer déraisonnablement. Si vous le tolérez bien, tant mieux pour vous. Mais si votre intestin renâcle, calmez vos ardeurs.

21. L'orange : immunitor

Composés détox : vitamine C, flavonoïdes, hespéridine, acides organiques, potassium

On ne va pas se mentir : l'orange fait partie de nos chouchous. Oui, c'est indigne, nous devrions aimer tous les fruits et légumes avec autant d'intensité, mais rien à faire : l'orange, c'est notre préféré. Excellent moyen de renforcer ses apports quotidiens en vitamine C – d'autant que ses flavonoïdes améliorent son assimilation et neutralisent, eux aussi, les radicaux libres – elle possède une remarquable activité antioxydante dans le corps humain, supérieure à celle obtenue par d'autres jus théoriquement mieux pourvus en antioxydants. Elle soutient l'immunité, le tonus. Les fumeurs, les personnes stressées ou soumises à un environnement pollué devraient en consommer très régulièrement. L'orange contient 1,2 g d'acides organiques/100 g. Ce chiffre élevé révèle une propriété intéressante : avec le potassium et le calcium, ces substances s'opposent à l'acidité du sang. Malgré une saveur « acide », l'orange est donc alcalinisante : elle équilibre le milieu interne afin de ne pas le rendre propice au développement bactérien, mycosique, etc. La consommation d'oranges et d'agrumes en général, de leur zeste et leur petite peau blanche en particulier, participe à la prévention de certains cancers. Pour bénéficier pleinement de la pectine, fibre anticholestérol, coupe-faim, antikilos, il faut manger la peau blanche qui entoure chaque quartier ainsi que les petits « fils » qu'on traque trop souvent méticuleusement. Sa composition est également idéale pour lutter contre la mauvaise circulation des petits vaisseaux (pieds et mains toujours froids, vaisseaux visibles en surface de la peau, etc.). Le zeste est intéressant car il apporte une huile essentielle très bénéfique. Mais gare aux pesticides ! Pour vos recettes avec zestes, c'est orange bio obligatoire. Même remarque pour tous les autres agrumes.

- **Jus.** L'idéal : faites-le vous-même au presse-agrumes, et buvez-le aussitôt pour profiter de la fragile vitamine C, qui s'envole inexorablement un peu plus à chaque minute qui passe…
- **Cuisson.** Bonne idée. Elle y perd quelques plumes vitaminiques mais conserve bien d'autres atouts. Mmm ! Des tranches d'orange caramélisées à la poêle !

22. La pêche : le teint et la forme !

Composés détox : potassium, fibres, composés phénoliques antioxydants

C'est entre mi-juillet et mi-août qu'elle est la plus parfaite. Elle contient pas mal de fructose (le sucre naturel des fruits) et est donc particulièrement indiquée si vos week-ends ou vos vacances sont sportifs. Elle est légèrement diurétique, idéale pendant les mois chauds où l'on a tendance à faire de la rétention d'eau. Plus la pêche est colorée, plus elle renferme de pigments antioxydants.

- **Jus.** Vous pouvez mixer les pêches avec la peau si elles sont bio, sinon mieux vaut l'ôter. Consommez tout de suite après la préparation.
- **Cuisson.** Passez-les en tranches à la poêle ou entières au four. Les pêches cuites soulagent les estomacs douloureux. De plus, la chaleur permet une meilleure utilisation de la provitamine A.

Le truc en +

Sa pulpe étalée sur le visage vous donnera un teint... de pêche !

23. Le poireau : balayeur en chef

Composés détox : potassium, fructosane, composés soufrés, fibres (douces dans le blanc, dures dans le vert)

Le poireau est remarquable pour quiconque surveille sa ligne. D'une part il est très diurétique, donc s'oppose à la rétention d'eau. D'autre part il est particulièrement riche en fibres (donc il prévient la constipation) mais pauvre en calories. La spécificité de ses fibres en fait un remarquable coupe-faim. Enfin, il est traditionnellement utilisé pour nettoyer le système digestif. Mieux vaut acheter des légumes entiers, avec les radicelles (les petites racines au bout du blanc) plutôt que des légumes déjà découpés. Et pour bénéficier des substances protectrices présentes en abondance dans le poireau, consommez une partie du « vert » ! Attention : en raison de la forte présence de composants soufrés, le poireau peut entraîner des flatulences.

Ah bon ?

Le poireau primeur est doux et tendre, mais il est moins pourvu en substances santé.

- **Jus.** Le poireau ne se prépare pas en jus. En revanche, en bouillon et soupe, c'est une star !
- **Cuisson.** Les poireaux cuisent en 5 à 7 minutes à la vapeur. Rien de plus rapide et de plus simple ! On ne les mange pas souvent crus.

On peut tout de même émincer un tout petit morceau de blanc pour relever la saveur d'une salade. Il pourra alors « remplacer » l'ail. Mais en monodiète, sa saveur forte sera vite intolérable et d'ailleurs vous ne pourrez pas le mâcher !

24. La pomme : l'antitout

Composés détox : fibres, antioxydants, quercétine, potassium

Ce fruit mythique réussit l'exploit de prévenir la constipation (grâce à ses fibres et à ses acides) et de soulager la diarrhée (toujours grâce à ses fibres, qui forment un gel dans l'intestin, et à ses substances antivirales). La pomme stabilise la glycémie : elle protège donc la santé et prévient le diabète. Mais aussi, elle calme l'appétit ! Elle améliore l'immunité, ce qui est plutôt bienvenu pour l'hiver. Vous avez du mal à la digérer crue ? Faites-la cuire légèrement, ou passez-la au blender. Saviez-vous que la pomme contient un brûle-graisses naturel, appelé la phloridizine ? Et qu'en plus cet admirable composé donne bonne mine ?

- **Jus.** Les personnes qui ne souffrent pas de troubles digestifs de type « colite » et supportent bien l'eau gazeuse, peuvent essayer ce cocktail savoureux et amusant : pelez et épépinez des pommes, ajoutez du jus de citron (comptez ½ citron pour 4 pommes) et mixez le tout. Versez dans un verre et allongez d'eau minérale gazeuse.

🌡 **Cuisson.** Une préparation ultra-simple : pomme au four à faire cuire telle quelle dans le plat 20 à 40 minutes (selon la taille). Sans ajouter quoi que ce soit ! Et pour les adeptes du micro-ondes, une pomme cuite en à peine quelques minutes…

> **Le truc en +**
>
> La pomme « nettoie » l'organisme, notamment les articulations. Elle est fortement recommandée en cas de goutte, d'arthrite, de rhumatismes

25. Le radis : il a ses fans !

Composés détox : fibres, potassium, soufre

Peut-être un peu moins célèbre que la cure de raisins de l'automne, la monodiète de radis, notamment noir, reste un grand classique de la détoxication printanière. Ce légume très particulier aide à se débarrasser de toutes les toxines accumulées pendant l'hiver. Ce fut probablement l'un des tout premiers légumes cultivés ! Son origine asiatique explique que les Chinois aient une longueur d'avance sur nous. Ils ont développé de nouvelles variétés beaucoup plus douces que nos radis roses et noirs. Très peu calorique, il contient surtout des minéraux, notamment du potassium, ce qui fait de lui, en plus d'un aliment minceur, un aliment anti-rétention d'eau. N'éliminez pas les fanes, elles sont presque encore plus riches en substances détox et santé que les radis eux-mêmes !

Nous vous proposons une recette amusante pour en profiter (voir p. 228), et du coup, ne rien jeter. Un sou, c'est un sou !

- 🍸 **Jus.** Le jus de radis noir est réputé pour restaurer la sphère digestive. Sa saveur et son odeur ne sont pas très alléchantes, et il est conseillé de se procurer des ampoules de radis noir plutôt que se préparer de grands verres imbuvables !
- 🌡 **Cuisson.** Le radis n'est pas vraiment conçu pour cuire ni mijoter… Mais si vous y tenez vraiment, le radis noir supporte mieux la cuisson que le rose.

Le truc en +

C'est surtout le radis noir qui stimule le fonctionnement de la vésicule biliaire. On conseille traditionnellement de suivre une cure après les fêtes pour détoxiquer l'organisme en général, la sphère digestive en particulier.

26. Le raisin : la cure star

Composés détox : potassium, polyphénols, fibres, acides organiques, resvératrol

Si vous ne devez suivre qu'une seule cure dans l'année, c'est celle-ci ! La cure de raisin était extrêmement répandue il y a encore deux générations, au moment des vendanges. Sa réputation détoxifiante n'est vraiment pas usurpée. C'est grâce à ses acides organiques, nullement acides malgré leur appellation, qui alcalinisent le milieu interne. Résultat, les dépôts acides responsables de nombreuses douleurs (notamment rhumatismales) sont comme « dissous » et l'organisme est détoxifié pour l'hiver.

La pellicule blanchâtre qui peut recouvrir les grains est naturelle. Rien à voir avec des résidus de pesticides ! En revanche, il faut tout de même bien rincer le raisin, dont la peau héberge des particules nocives : levures, moisissures, résidus de produits chimiques… Si vous avez envie de mâcher quelque chose d'un peu plus solide, pensez aux raisins secs !

Attention !

En raison de leur très haute teneur en fibres, les pépins et la peau sont parfois mal tolérés par les personnes au côlon sensible. Dans ce cas, mieux vaut opter pour du jus de raisin, ou encore trouver du raisin apyrène (sans pépins), dont on peut facilement recracher la peau. Les variétés : Alvina, Danuta et Madina.

- **Jus.** À force, il arrive qu'on se lasse de mâcher du raisin… Le jus apporte les mêmes vertus nutritives, même si dans la bataille vous perdez certaines substances protectrices anti-âge situées plutôt dans la peau.
- **Cuisson.** Faites vous-même sécher vos raisins : laissez-les doucement se dessécher dans le four, thermostat 2, porte entrouverte. Oubliez-les pendant deux bonnes heures.

Le truc en +

Le raisin foncé (issu de cépage noir) est plus riche en substances protectrices que le raisin clair (issu de cépage blanc). Il contient notamment des flavonoïdes, qui potentialisent l'action de la vitamine C.

27. La rhubarbe : transit intestinal facile

Composés détox : fibres solubles et insolubles (sa tige ligneuse en renferme 75 %), acide oxalique

La rhubarbe possède de remarquables propriétés anticholestérol, coupe-faim. Elle est bonne pour le transit mais est si riche en fibres insolubles qu'elle en devient presque indigeste. Attention : on ne consomme jamais ses feuilles, potentiellement toxiques, seulement sa tige. Si vous en faites pousser dans votre jardin, surtout retirez bien toutes les feuilles ! Et si vous souhaitez renforcer ses bienfaits sur le transit intestinal, n'oubliez pas ses alliés de choc : la figue (sèche surtout) et le pruneau…

- **Jus.** Les tiges passées à la centrifugeuse fournissent un jus très acidulé, on s'en doute, qui remplace à merveille le vinaigre ou le jus de citron dans certaines préparations sucrées ou salées.
- **Crue.** Pourquoi pas, en petite quantité (surtout en cas de système digestif fragile), à la croque au sel + curcuma + poivre, ou au sucre.

28. Le thé : la potion magique

Composés détox : polyphénols antioxydants, caféine

Le thé est le roi de la détox et de la minceur, un nettoyeur interne hors pair, un fou de la purification, et en plus, il est brûle-graisses. Dans toutes les détox, de la plus classique à la moins courante, à tous les coups vous retrouvez « eau et thé vert à volonté dans la journée ». Difficile de s'en passer. MAIS ! Mais… Il est également très important de limiter fortement ses apports en caféine. Or, il y a de la caféine dans le thé, même si elle prend alors le nom de théine (c'est exactement la même molécule). Aussi, nous recommandons une tasse de thé le matin au petit déjeuner, mais pour le reste de la journée, préférez des infusions de plantes sans caféine.

Pourquoi il ne faut pas bannir complètement la caféine (= théine) de votre détox ?

Parce qu'elle aide le calcium à pénétrer dans les cellules musculaires pour un travail plus efficace et plus brûle-graisses. Donc, le matin avant l'agitation de la journée, un thé, c'est bien. Profitez-en pour aller ensuite à pied au bureau (ou prendre votre bus à l'arrêt suivant) : plus vous bougerez, plus ce petit stratagème sera efficace, bien sûr… En plus, la caféine est légèrement diurétique et aide à éliminer ; mais attention, cet avantage peut se transformer en inconvénient lorsqu'on en abuse, car on élimine aussi, en allant aux toilettes, de précieux minéraux. Point trop n'en faut !

Si vous êtes un grand buveur de café, qu'il vous faut votre « dose » sans laquelle vous n'ouvrez pas une paupière de la journée, vous le savez déjà : la détox, c'est sans une goutte de café. Allez piocher parmi ces alternatives tonifiantes mais compatibles avec votre détox :

✓ *Le ginseng :* anti-fatigue physique, mentale, sexuelle.
✓ *Le gingembre (jus, infusion) :* antifatigue 4 étoiles.
✓ *Le romarin :* tonifiant.
✓ *La menthe :* stimulante.

29. La tomate : non aux nitrosamines !

Composés détox : potassium, acides coumarique et chlorogénique

La tomate est particulièrement riche en antioxydants : vitamines C et E, carotènes (bêta-carotène, lycopène), flavonoïdes (le quercétol)… Elle est recommandée aux hommes car elle protège du cancer de la prostate. Pour bénéficier de la substance intéressante dans ce cas, le lycopène, il est préférable de la cuire. Tandis que crue, elle stimule les sécrétions digestives… pas mal non plus ! Dans le cadre détox, les acides coumarique et chlorogénique empêchent la transformation des nitrates (inoffensifs) en nitrites puis en nitrosamines (toxiques). La vitamine C de la tomate crue et la vitamine E de la tomate cuite renforcent ce bienfait.

Attention !

Pour les intestins fragiles, il est conseillé d'ôter la peau et les pépins des tomates. D'autant que cette dernière est de plus en plus épaisse, afin de protéger le fruit (car c'en est un !) lors des manipulations et des transports.

Pour éplucher facilement une tomate, incisez-la légèrement et plongez-la quelques minutes dans l'eau bouillante : la peau se détache toute seule. Cela s'appelle « monder une tomate ».

- **Jus.** Les jus de tomate du commerce sont souvent trop salés. Mieux vaut le préparer soi-même. Simplement mixé, il est délicieux, même si sa texture très liquide risque de vous surprendre un peu !
- **Cuisson.** Préparez des tomates séchées comme des raisins secs en disposant de fines tranches de tomates sur un plat que vous laisserez au four pendant deux heures minimum. Basse température surtout (thermostat 2), pour ne pas brûler mais seulement assécher.

Le truc en +

Attention : la solanine que l'on trouve dans les tomates vertes peut provoquer des migraines. Si vos tomates ne sont pas totalement matures, enveloppez-les quelques jours dans un papier journal afin qu'elles finissent de mûrir.

Menus détox

Les plats en caractères gras italiques correspondent à des recettes de ce livre.

Détox 1 jour : pour tester sur un temps très court les bienfaits de la détox

La « radicale tout terrain »

Consommez pendant 1 journée entière (grand maximum 2… pas plus !) notre ***Bouillon végétal décaptout***. À boire du matin au soir, à volonté (théoriquement, exactement la quantité de la recette pour 4 de la p. 128).

Un bouillon super brûle-graisses, super-riche en minéraux et super-détox, super-drainant, super-efficace.

La « radicale tout terrain » spéciale « gros appétit »

Consommez pendant 1 journée entière (grand maximum 2… pas plus !) notre ***Petite soupe du bonheur***. À déguster du matin au soir, à volonté (théoriquement, exactement la quantité de la recette pour 4 de la p. 138).

La soupe super-brûle-graisses et extra-détox car riche en fibres. Transit intestinal paresseux, bienvenu.

La « radicale de saisons »

Voici 20 idées de monodiètes détox, réparties par saison.

Nous vous suggérons une monodiète : pendant 1 journée, vous consommez exclusivement 1 aliment (aucun autre), sous toutes ses formes : cru, cuit, en jus. Selon la saison, vos envies, vos goûts, vos besoins aussi, ce peut être la pomme, le citron, la carotte… Il n'y a rien de plus efficace pour se débarrasser de cette désagréable sensation de lourdeur, s'alléger au passage quelques grammes, tout en faisant le plein de minéraux et de vitamines.

Nous vous avons listé les aliments les plus intéressants (et digestes) à consommer en monodiète, ainsi que leurs effets magiques et leur meilleure saison. Évidemment, on ne se lance pas dans une monodiète de pêche au mois de décembre, cela n'aurait aucun sens : le fruit ne correspondrait pas à vos besoins du moment, il coûterait horriblement cher et ne serait pas savoureux !

Un conseil : une monodiète de 1 jour à chaque saison, c'est très agréable, amusant, et cela permet même de redécouvrir un fruit ou un légume (on ne fait pas de monodiète de steak !) que l'on consomme habituellement un peu machinalement, et toujours sous la même forme.

Au printemps

✓ La cure de carotte

Intérêt : polyvalente, facile à suivre (son goût ne lasse pas), belle peau, digestion facile.

Remarque : sa saveur sucrée la rend agréable et facile à consommer du matin au soir. En jus, râpée, cuite, en purée…

✓ La cure de fraise

Intérêt : vitaminée.

Remarque : à nous les bonnes grosses fraises bien juteuses, bien sucrées ! Vous allez bien avaler presque une cagette entière, alors pas l'ombre d'une hésitation : préférez les fraises bio ou, au moins, françaises. Les espagnoles sont souvent moins chères, mais moins bonnes et pas au-dessus de tout soupçon côté pesticides…

✓ La cure d'artichaut

Intérêt : détox hépatique, flore intestinale.

Remarque : une cure recommandée si vous avez tendance à souffrir d'allergie saisonnière, type rhume des foins. Un foie en parfait état est indispensable pour que l'organisme module correctement sa réponse immunitaire. En outre, les prébiotiques (des fibres spéciales) de l'artichaut constituent une aubaine pour la flore intestinale.

✓ **La cure de radis**
Intérêt : détox hépatique, antifatigue.

Remarque : le soufre des radis, ça pique un peu, mais c'est très bon pour l'immunité, la sphère ORL (nez, gorge...) et, surtout, le foie. Si vous vous sentez un peu « mou », c'est une bonne idée de monodiète, mais elle peut être lassante. Souvent, un repas entier de radis suffit. Pas la peine de vous obliger à poursuivre la monodiète sur la journée.

✓ **La cure d'asperge**
Intérêt : bien-être digestif et général (antiacidité), diurétique.

Remarque : les fans d'asperge ne jurent que par les toutes jeunes, vertes, dont les pointes sont irrésistibles. Tièdes avec notre petite vinaigrette spéciale détox (p. 201), elles vont vous régaler tout en faisant leur œuvre. Ne vous éloignez pas trop des toilettes, c'est diurétique...

En été
✓ **La cure de melon**
Intérêt : ami du cœur, belle peau, protection solaire.

Remarque : trop frais, le melon est indigeste. Ne commettez pas l'erreur de le placer au réfrigérateur, il se vengerait…

✓ **La cure de tomate**
Intérêt : extra-light, extra-hydratante.

Remarque : estomacs sensibles, passez votre chemin, sous ses airs débonnaires, la tomate est acide. Les autres profiteront de ce concentré d'antioxydants protecteurs.

✓ **La cure d'abricot**
Intérêt : belle peau, protection solaire, immunité.

Remarque : si vous achetez des abricots secs, prenez-les de préférence bio. Ils sont plutôt « marron » (donc moins jolis que les autres, orange fluo), mais exempts d'additifs douteux.

✓ **La cure de cerise**
Intérêt : confort articulaire.

Remarque : la cerise est l'amie des articulations. Attention quand même : très riche en sucre, elle ne convient pas si vous avez tendance à faire des hypoglycémies ou si vous surveillez vos apports en glucides.

✓ **La cure de jus de légumes**
Intérêt : vitalité, super-minceur.

Remarque : un must, aussi rafraîchissant que très minéralisé. Blender de rigueur.

À l'automne

✓ La cure de pomme

Intérêt : minceur, anticholestérol, anti-âge.

Remarque : une cure très facile à suivre. Elle est recommandée si vous avez un système digestif sensible, car vous pouvez consommer exclusivement des pommes cuites si souhaité, et les épicer (vanille, cannelle…).

✓ La cure de raisin

Intérêt : protection cellulaire, prévention des rhumatismes hivernaux.

Remarque : THE monodiète, la grande classique, encore largement pratiquée de nos jours dans les régions « à vignes ».

✓ La cure de poireau

Intérêt : diurétique, super-minceur.

Remarque : cru, il est peu digeste. Une cure à conjuguer en soupe ou cuits vapeur, tièdes, arrosés d'un filet de jus de citron avec un petit peu d'herbes aromatiques (ciboulette, persil…), elle plaît beaucoup aux amateurs. Faites-vous plaisir : mangez surtout le blanc, tout doux, fondant en bouche et très digeste.

✓ La cure de figue

Intérêt : protection cellulaire, transit intestinal.

Remarque : la saison des figues fraîches est éphémère… c'est aussi ce qui fait son charme. Profitez-en pour vous offrir une monodiète, véritable balayage intestinal.

✓ **La cure de prunes**
Intérêt : transit intestinal.

Remarque : ah ! les mirabelles… Une monodiète de ces admirables petites prunes (ou des cousines quetsches, reines-claudes… vous pouvez mélanger tous ces fruits), c'est un vrai cadeau gourmand !

En hiver
✓ **La cure de citron**
Intérêt : super-détox, super-minceur, super-vitaminée.

Remarque : la star de l'hiver. Rien que sa petite bouille ronde et jaune nous remonte le moral et les défenses immunitaires. Rappelez-vous que dans le citron, tout est bon : la pulpe, le jus, le zeste…

✓ **La cure de chou**
Intérêt : pansement digestif, antirhumatismes, immunité.

Remarque : attention à bien le cuire dans deux eaux consécutives pour éliminer, avec la première eau, le maximum de composants indigestes. Cru, en jus, c'est ainsi qu'il apaise le mieux les estomacs douloureux : un petit verre en début de repas « tout chou » sera le bienvenu. Nous l'avons « customisé » p. 236 pour le rendre plus appétissant.

✓ **La cure de miel** (et produits de la ruche : pollen, gelée royale…)
Intérêt : renforce les défenses immunitaires.

Remarque : cette cure est différente des autres, il n'est pas question de se nourrir exclusivement de miel dans la journée (beaucoup trop sucré !), mais d'en consommer un petit peu chaque jour pendant 21 jours.

✓ **La cure de soupe**
Intérêt : réchauffante, revigorante, reminéralisante.

Remarque : en hiver, impossible d'échapper à la soupe. On en a trop envie. Du simple bouillon clair à la bonne soupe des familles avec de gros morceaux de légumes, on sent d'instinct que cette nourriture-là « fait du bien ». Le bol chaud entre nos mains, le fumet se faufile dans nos narines, c'est le bonheur. Une cure très facile à suivre, même au petit déjeuner (si, si !).

✓ **La cure de riz**
Intérêt : nourrissante, énergétique, super-digeste.

Remarque : elle est recommandée si vous vous sentez à plat, si vous attaquez l'hiver en petite forme, les pieds gelés, en grelottant tout le temps. Au petit déjeuner, pensez au riz soufflé (sans sucre ni additif évidemment, donc acheté en boutique bio), ou aux galettes de riz, vraiment agréables. Dans la journée, n'hésitez pas à varier l'assaisonnement : herbes aromatiques (origan…), épices douces et détox (gingembre, curcuma), exotique (sauce soja…). La cure de riz est la cure type « de longue vie » macrobiotique.

Retrouvez à partir de la p. 225 toutes les recettes spéciales « monodiète ».

Il va sans dire que la détox radicale ne se suit que sur 1 journée, maximum 2. Elle est volontairement déséquilibrée, privée de protéines (pour mettre le système digestif au repos et retrouver l'équilibre acido-basique) et de graisses (pour s'alléger). Un tel mode alimentaire ne peut convenir que sur une courte durée.

Remarque : quelle que soit la monodiète choisie, et même si elle ne dure qu'une journée (deux, c'est encore mieux !), évitez vraiment pendant 2 jours entiers de consommer des aliments de la liste « on ne mange pas » p. 31.

OU

Pour les débutants : 1 journée super-détox toute simple

Petit déjeuner
1 ***Thé détox***

Déjeuner
1 litre de ***Karcher***

Dîner
1 ***Pschitt concombre***

Toute la journée : ***Bouillon végétal décaptout***

Détox 1 week-end/3 jours : profiter d'un temps « *off* » pour se détoxiquer et retrouver la forme

2 à 3 jours, c'est l'idéal pour une détox courte mais efficace, et qui agit malgré tout en profondeur. Si au bout de 2 jours, vous vous sentez parfaitement bien, ou que simplement votre emploi du temps et votre métier ne vous autorisent pas à poursuivre un 3e jour, arrêtez. Vous pourrez toujours vous programmer un autre week-end détox très vite pour parfaire le travail commencé. En revanche, si vous le pouvez, si vous sentez qu'il vous manque encore un petit bout de chemin pour un bien-être total, rajoutez 1 journée : 3 jours, ça change tout. Un peu comme lorsque vous partez en week-end : 2 jours, ce n'est pas du tout pareil que 3 ! Rien ne vous empêche d'ailleurs de profiter d'un long week-end pour mettre en œuvre votre détox.

JOUR 1

Petit déjeuner
Thé nature
3 pommes cuites nature

Déjeuner
Smoothie belle peau
Salade roquette + tranches de radis noir + miettes de crabe + ***vinaigrette détox***

🕘 **Dîner**
Rubis' cubes
Riz blanc tiède, huile d'olive

Et entre les repas, si vous avez faim :
✓ *à boire* tout au long de la journée (jusqu'à 16 heures si vous êtes sensible à la théine) : 1 litre de ***Pur thé***
✓ *à manger :* 1 ou 2 pommes

JOUR 2

🕘 **Petit déjeuner**
Smoothie bouchées doubles

🕘 **Déjeuner**
Gingembre détox
Rock'n roll mops

🕘 **Dîner**
Concombre à la fraîche
Quinoa tiède, huile d'olive

Et entre les repas, si vous avez faim :
✓ *à boire :* 1 ***Open bar d'été***
✓ *à manger :* 1 pamplemousse

JOUR 3

🕘 **Petit déjeuner**
Smoothie sang neuf

Déjeuner
Soupe raw food
1 sucrine + 2 tranches de jambon blanc bio + 1 poignée de graines germées

Dîner
Lassi explosif
Lentilles tièdes, huile d'olive

Et entre les repas, si vous avez faim :
✓ *à boire :* 1 ***Éliminator***
✓ *à manger :* 2 oranges

Jour de ménage

On l'a vu, la détox, ça ne se passe pas seulement dans l'assiette. Inutile de vous escrimer à manger bio si vous fumez, inutile de boire des green smoothies extra-purs si c'est pour vous empoisonner en respirant des émanations de produits de bricolage (peinture, colle...) ou détergents. D'ailleurs, le ménage, parlons-en. Avez-vous déjà essayé de nettoyer chez vous avec autre chose que tous ces produits super-puissants et super-polluants dont on nous vante l'intérêt chaque jour à la télévision ? Vous êtes-vous même simplement posé la question qu'il pouvait y avoir une alternative ?

Pourtant, diriez-vous que chez votre grand-mère, c'était sale ? Sûrement pas : il y a fort à parier que c'était nickel-chrome alors qu'elle n'avait pas à sa disposition un arsenal de centrale nucléaire pour simplement nettoyer son évier, son carrelage dans la cuisine, ses toilettes. Et ça se passait très bien comme cela (y compris pour les rivières et les poissons qui récupèrent, au passage, ces tonnes de produits « super-puissants » dont ils n'ont que faire). Quand on pense qu'avec un citron, du vinaigre blanc et du bicarbonate, 3 ingrédients parfaitement détox et qui coûtent

→

trois francs six sous, vous allez faire briller votre maison facilement et sans polluer, pourquoi hésiter ? Le reste, vous le trouverez dans vos placards : de l'alcool, du sel, des patates... Quelques pistes pour offrir aussi une détox à votre maison/appartement :

- *Bijou en argent (raviver) :* faites-le tremper dans un bol d'eau de cuisson de pommes de terre pendant la nuit, voire 24 heures. Rincez, séchez avec un chiffon.
- *Bijou en or (raviver) :* faites-le tremper dans une petite tasse d'alcool à 90° (ou de vodka).
- *Détartrer :* pensez « vinaigre blanc ». Dans la bouilloire, avec de l'eau (mi-eau/mi-vinaigre), faites bouillir jusqu'à ce que le calcaire cède. En quelques minutes, c'est réglé. Utilisez ce mélange pour détartrer tout (traces sur la vaisselle, dans le lavabo, sur le rideau de douche, etc.).
- *Déboucher les canalisations :* mélangez 15 cl de vinaigre, 200 g de sel et 200 g de bicarbonate. Versez dans le tuyau récalcitrant. Laissez agir 20 à 30 minutes, puis videz dessus une casserole d'eau bouillante (attention aux projections sur la peau et dans les yeux). On va voir ce qu'on va voir...
- *Désodoriser une boîte fermée, une théière... :* versez dedans du jus de citron et trois fois plus d'eau bouillante. Laissez agir quelques heures et faites sécher, si possible en plein soleil.
- *Désodoriser une éponge malodorante :* là encore, le citron fait son œuvre. Imprégnez-la de jus de citron, puis posez-la dans une assiette creuse et versez dessus de l'eau très chaude. Laissez-la barboter pendant la nuit, pourquoi pas avec les écorces de citron coupées en petits morceaux. Le lendemain matin, vous avez une éponge neuve !
- *Détacher :* des taches de sueur sur vos vêtements ? Si c'est de la soie, trempez-la dans de l'eau froide, égouttez et saupoudrez du bicarbonate sur la zone

→

souillée. Laissez agir 1 heure puis tamponnez patiemment avec un chiffon propre. Recommencez si nécessaire. Si c'est un autre tissu, l'eau vinaigrée (70/30) est plus indiquée : laissez tremper, rincez puis passez en machine normalement.

- *Nettoyer* : quelle que soit la surface (vitre, faïence...), en général, le vinaigre blanc fonctionne très bien, le jus de citron aussi. Adieu microbes, graisses, traces diverses, résidus de savon ! À vous de les mélanger avec de l'eau très chaude en dosant de manière à nettoyer sans agresser le support.

Détox 1 semaine : pour se sentir vraiment mieux, pour longtemps, et perdre 1 à 2 kg

Plus votre détox dure longtemps, plus elle agit profondément, mieux vous en sortirez. Et, bien sûr, plus elle dure, plus elle est facile à suivre car les repas sont équilibrés, nourrissants, variés. L'objectif n'est certainement pas de s'affamer, de se carencer, de se fatiguer. C'est tout le contraire ! Chaque jour de détox doit être un jour de plaisir, et où l'on se fait du bien. Les menus de cette détox qui peut durer jusqu'à 2 semaines (renouvelez simplement vos menus sur une semaine) renferment donc davantage de protéines, et un petit peu de (bonnes) graisses.

JOUR 1

Petit déjeuner

Hollywood tonic

2 tartines de pain complet avec purée d'amande

Déjeuner

Omelette légère (1 jaune, 2 blancs) aux fines herbes

Grosse salade de mâche aux pignons

1 kiwi

Dîner

L'apéro du centenaire

Rates au court-bouillon d'amande

Cerises et rose

Un petit creux ? Un ***Bouillon végétal décaptout***

Et/ou tout au long de la journée… une Thermos d'***Open bar*** de saison

JOUR 2

Petit déjeuner

Red bull des champs

1 petit bol de All bran + lait végétal (riz, amande…)

Déjeuner

Big Maq minceur

Salade de fruits frais de saison

Dîner
Riz sauvage dompté aux petits légumes p195
Des pommes, des poires et des cachous p217

Envie de parfaire votre détox ? Une ***Tisane foie retrouvé***
Ou tout au long de la journée… une Thermos d'***Open bar*** de saison

Jour 3

Petit déjeuner 21h
1 bol d'infusion de chicorée
Kiwis marinés à la fleur d'oranger

Déjeuner
Veau doux
Fenouil caramélisé
1 smoothie banane/cranberry

Dîner
Quinoa petit poids 193
Gaspacho de fraises

Envie de boire sans s'alourdir mais avec du goût ? Un grand verre d'***Eau chaude réinventée***
Et/ou tout au long de la journée… une Thermos d'***Open bar*** de saison

Jour 4

Petit déjeuner

1 grand bol de thé nature
1 porridge flocons d'avoine + lait d'amande + cannelle (2 minutes de cuisson)

Déjeuner

Salade de carottes ébouriffante
Poulet bollywood

Dîner

Grande tranche de pain chauffée et tartinée de purée d'avocat
Légumes grillés palpés roulés
Pomme dopée au gingembre

Une collation super-antioxydante ? Un ***Cocktail red dingue***
Et tout au long de la journée… une Thermos d'***Open bar*** de saison

Jour 5

Petit déjeuner

Pique & pique & chasse les grammes
1 petit bol de All bran + lait végétal (amande, soja…)

Déjeuner

Soupe mister freeze
Passeporc thaï

Dîner
Salade de haricots rouges aux oignons et herbes
Ratapomme
Compotée à l'étoile du verger

Le nettoyage par le vide ? Un mug de ***Tea Pique détox***
Et/ou tout au long de la journée… une Thermos d'***Open bar*** de saison

Jour 6

Petit déjeuner
Destockmania
2 tartines de pain complet avec purée d'amande

Déjeuner
Le chou, la blette et le petit lapin (fable détox)
Flamby vanille-orange

Dîner
Riz complet + ***Nids de courgettes à l'ail***
1 brugnon

Et tout au long de la journée… une Thermos d'***Open bar*** de saison

Jour 7

Petit déjeuner
Cocktail NRJ
Petits flans chocomiel

Déjeuner
Show devant !
Poisson nettoyeur
Mon sorbet détox au citron

Dîner
Salade de pâtes du jardin
Soupe de cerises gnangnan (à l'eau de rose)

Et tout au long de la journée… une Thermos d'***Open bar*** de saison

Mes petites recettes magiques 100 % détox

pour 1/2 L eau

4 tranches citron + 2 tranches concombre
+ 4 feuilles menthe

· 1/2 pomme émincée + 2 bâtons cannelle

· 1 fraise + 4 tranches concombre +
2 tranches citron

· 4 cas chia (eau normale ou
coco)

Mes oasis de fraîcheur

PSCHITT CONCOMBRE

Drainant, reminéralisant

Pour 4 personnes
Préparation : 5 minutes

Ingrédients : 1 concombre ; 1 cm de racine de gingembre ; 2 citrons verts ; 12 feuilles de menthe ; 75 cl de Salvetat bien fraîche.

- Mettez dans le blender le concombre épluché et coupé en tronçons, le gingembre pelé et détaillé en lamelles, la menthe rincée et le jus des citrons. Mixez jusqu'à obtenir une consistance homogène.
- Répartissez dans 4 verres et complétez avec l'eau gazeuse.

☆ L'astuce magique

Lavez bien le concombre et ne l'épluchez pas : contrairement aux idées reçues, il est bien plus digeste avec la peau que sans. Gorgez-vous sans modération de cette source de minéraux à la fois coupe-faim et drainante.

Éliminator

Brûle-graisses, stimulant

Pour 1 litre
Préparation : 3 minutes

Ingrédients : 10 c. à s. de jus de citron bio ; 10 c. à s. de sirop d'érable ; ½ c. à c. de piment de Cayenne.

- Mélangez le jus de citron dans 1 litre d'eau. Ajoutez le sirop d'érable et le piment de Cayenne.
- Buvez cette potion magique dans la journée.

L'astuce magique

Aucun fruit ni aucun légume ne peuvent détrôner ce nettoyeur en chef : le citron épure le sang, débarbouille le système digestif, favorise l'élimination, et le jus d'un citron par jour couvre presque la totalité de nos besoins en vitamine C !

Thé détox

Anti-âge, diurétique

Pour ½ litre
Préparation : 5 minutes
Infusion : 8 heures

Ingrédients : 4 c. à c. de thé vert ; 1 citron ; ¼ de c. à c. de poivre de Cayenne ; 4 c. à s. de sirop d'érable.

- Versez ½ litre d'eau à température ambiante sur le thé, couvrez et laissez infuser toute une nuit. Filtrez.
- Pressez les citrons, versez leur jus dans le thé infusé, ajoutez le poivre et le sirop d'érable.

☆ L'astuce magique

Mettez un turbo dans votre détox en sirotant ½ litre de ce thé par jour en dehors des repas.

Vous pouvez préparer des glaçons avec notre thé détox, ils feront pétiller vos jus de pomme, de carotte, de tomate, de pêche… tout en travaillant au grand nettoyage de votre organisme : remplissez-en votre bac à glaçons et laissez prendre 2 heures au minimum.

VINAIGRE DÉTOX

Brûle-graisses, digestion facile

Pour 1 verre
Préparation : 1 minute

Ingrédients : 1 c. à c. de vinaigre de cidre ; 1 c. à c. de miel.

- Diluez le vinaigre et le miel dans un verre d'eau chaude.
- Buvez 1 verre chaque jour pendant 3 semaines.

☆ L'astuce magique

Idéalement, c'est bu à jeun que ce régulateur du métabolisme est le plus efficace. Ne faites pas la grimace, pensez plutôt à ses promesses : digestion facile, anti-acidité, antirhumatisme, anticholestérol, anti-mal de gorge, antimigraines...

Rubis' cubes

Antioxydant, antistress

Pour 4 personnes
Préparation : 10 minutes
Infusion : 6 heures
Congélation : 3 heures

Ingrédients : 4 c. à c. de rooibos (thé rouge) ; 50 g de pelures de pommes séchées ; 2 c. à s. d'eau de fleur d'oranger ; 1 petit bouquet de menthe ; 60 cl d'eau pétillante.

- Remplissez votre bac à glaçons d'eau fraîche et versez-la sur le thé et les pelures de pommes, dans une théière. Couvrez et laissez infuser 6 heures minimum. Filtrez.
- Ajoutez l'eau de fleur d'oranger, remuez. Déposez une feuille de menthe au fond de chaque compartiment du bac à glaçons et versez-y la préparation. Mettez au congélateur pour 3 heures.
- Versez l'eau pétillante dans une carafe et ajoutez les cubes de thé.

L'astuce magique

Ne jetez plus vos pelures de pommes : faites-les sécher à l'air libre pendant une semaine. Conservez la préparation dans une boîte en fer pour avoir toujours sous la main ce concentré d'antioxydants.

Pur thé

Anti-âge, prévention cardio-vasculaire

Pour 1 litre
Préparation : 10 minutes

Ingrédients : 4 c. à s. de thé matcha ; 2 citrons ; 2 c. à c. de gingembre en poudre.

- Versez 1 litre d'eau frémissante sur le thé et fouettez à la fourchette.
- Ajoutez le jus des citrons et le gingembre. Laissez refroidir.
- Buvez bien frais.

☆ L'astuce magique

Attention, le thé matcha est comme le vin, avec ses grands crus et ses tord-boyaux... Pour une utilisation en cuisine, inutile de mettre trop cher (7 euros la boîte de 50 g reste raisonnable, mais on en trouve jusqu'à 60 euros !).

GINGEMBRE DÉTOX

Antioxydant, coup de fouet

Pour 4 personnes
Préparation : 10 minutes

Ingrédients : 2 citrons ; 3 cm de gingembre ; 2 granny-smith ; 4 carottes ; 8 glaçons.

- Pressez les citrons. Pelez le gingembre, les pommes et les carottes, détaillez-les en morceaux et mettez-les dans le blender.
- Mixez jusqu'à obtenir une consistance mousseuse et servez bien frais.

☆ L'astuce magique

Osez ajouter 1 petit oignon blanc et ½ gousse d'ail : c'est prouvé, mêlés au gingembre, ils multiplient leur pouvoir antioxydant individuel !

Pique & pique & chasse les grammes

Assainissant, active l'élimination

Pour 4 personnes
Préparation : 10 minutes

Ingrédients : 1 ananas ; 2 oranges ; 2 cm de gingembre ; 6 glaçons.

- Épluchez l'ananas, ôtez sa partie centrale, coupez-le en morceaux ainsi que le gingembre pelé.
- Mixez dans le blender avec le jus des oranges et les glaçons, jusqu'à obtenir une consistance mousseuse.

☆ L'astuce magique

Si vous voulez que cet élixir pique un peu moins, tout en pourchassant les grammes, remplacez l'ananas par 2 mangues.

L'APÉRO DU CENTENAIRE

Longévité

Pour 4 personnes
Préparation : 15 minutes
Cuisson : 1 minute

Ingrédients : 1 betterave rouge cuite ; 1 concombre ; 3 tomates ; 1 gousse d'ail ; 2 oranges.

- Rincez et épluchez le concombre, ouvrez-le en deux dans le sens de la longueur et ôtez les pépins à l'aide d'une petite cuillère. Ébouillantez les tomates 1 minute et pelez-les. Coupez en morceaux le concombre, la betterave et les tomates.
- Pelez et hachez l'ail.
- Pressez les oranges.
- Mettez tous les ingrédients dans le blender et mixez jusqu'à obtenir une consistance mousseuse.

L'astuce magique

Au moment de servir, parsemez de menthe ciselée et si vous aimez, versez 2 gouttes de Tabasco dans chaque verre.

Soyez détox sur toute la ligne en servant des tranches fines de radis noir légèrement « beurrées » au Saint-Môret en accompagnement.

Open bar d'été

Coupe-faim

Pour 4 personnes
Préparation : 3 minutes
Infusion : 7 minutes

Ingrédients : 2 c. à s. de thé vert ; 1 c. à s. de menthe.

- Versez le thé et la menthe dans 1 litre d'eau bouillante. Couvrez, laissez infuser 7 minutes puis filtrez.
- Laissez refroidir puis placez au réfrigérateur. Buvez tout au long de la journée.

☆ L'astuce magique

Si vous voulez obtenir une boisson parfaitement transparente, faites macérer les plantes dans l'eau froide, non bouillie, pendant toute une nuit.

Lassi explosif

Régénérant, antioxydant

Pour 4 personnes
Préparation : 10 minutes

Ingrédients : 2 grenades ; 3 yaourts bifidus ; 4 c. à s. de sirop d'agave ; 8 glaçons.

- Mettez dans le blender les graines des grenades, les yaourts, le sirop d'agave et les glaçons.
- Mixez jusqu'à ce que vous n'entendiez plus le bruit des glaçons sur les lames de l'appareil.

L'astuce magique

Véritable arme de reconstruction, la grenade est une bombe d'antioxydants.

Vous pouvez remplacer les deux grenades par 30 cl de jus de grenade.

NECTAR D'HIBISCUS

Bon pour la digestion

Pour 1 litre
Préparation : 10 minutes

Ingrédients : 4 c. à s. de fleurs séchées d'hibiscus ; 2 c. à s. de sirop d'agave ; 1 c. à s. d'eau de fleur d'oranger.

- Rincez l'hibiscus à l'eau fraîche.
- Portez 1 litre d'eau à ébullition. Hors du feu ajoutez les fleurs d'hibiscus et le sirop d'agave. Laissez infuser jusqu'à ce que la préparation devienne pourpre.
- Filtrez, mettez en carafe, ajoutez l'eau de fleur d'oranger et placez au frais.

L'astuce magique

Quelques feuilles de menthe surnageant pour booster l'acidité, ou utilisées comme base de cocktails de fruits, de bonnes raisons pour siroter votre litre de nectar dans la journée.

Smoothie cru spécial cuite

Nettoyeur du système digestif, antifatigue

Pour 4 personnes
Préparation : 5 minutes

Ingrédients : 1 radis noir ; 50 cl de jus de carotte bio ; 2 cm de gingembre ; 2 citrons ; 8 glaçons.

- Pelez le radis noir et le gingembre, détaillez-les en morceaux.
- Mettez-les dans le blender avec le jus de carotte, le jus des citrons et les glaçons.
- Mixez jusqu'à ce que vous n'entendiez plus le bruit des glaçons sur les lames de l'appareil.

L'astuce magique

Vous pouvez remplacer le jus de carotte par du jus de pomme, le radis noir n'en jouera pas moins son rôle d'anti-nauséeux : parfait pour les lendemains de fête arrosée.

Green smoothie 100 % chlorophylle

Oxygénation des cellules, antifatigue

Pour 4 personnes
Préparation : 5 minutes

Ingrédients : 1 poignée de pousses d'épinards ; 1 poignée de mâche ; 1 poignée de cresson ; 4 pommes granny-smith.

- Épluchez et épépinez les pommes. Rincez les salades.
- Mettez tous les ingrédients dans le blender, ajoutez 40 cl d'eau de source et mixez jusqu'à obtention d'une consistance lisse.
- Servez avec des glaçons.

☆ L'astuce magique

Vous pouvez trouver ces trois salades en sachets.

LE CHOUCHOU

Minceur, résistance immunitaire

Pour 4 personnes
Préparation : 10 minutes

Ingrédients : ¼ de chou vert ; 2 branches de céleri ; 1 pomme verte ; 1 citron vert ; 6 gouttes de Tabasco ; 8 glaçons.

- Épluchez le chou, le céleri et la pomme, coupez-les en morceaux. Mettez-les dans le blender avec le jus du citron, le Tabasco, les glaçons et un peu d'eau minérale si vous aimez les smoothies très liquides.
- Mixez jusqu'à ce que vous n'entendiez plus le bruit des glaçons sur les lames de l'appareil.

☆ L'astuce magique

Le chou vert est un baume pour les estomacs douloureux, mais peut être mal supporté par les systèmes digestifs capricieux : si vous êtes de ceux-là, ajoutez quelques brins de thym, ou ½ c. à c. d'origan, de cumin ou de carvi.

Smoothie bouchées doubles

Reminéralisant, vitaminé

Pour 4 personnes
Préparation : 5 minutes

Ingrédients : 75 cl de notre thé détox (voir p. 102) ; 4 kiwis ; 4 citrons ; 6 glaçons.

- Épluchez les kiwis.
- Pressez les citrons.
- Mettez tous les ingrédients dans le blender et mixez jusqu'à obtention d'une consistance lisse.

☆ L'astuce magique

Palme d'or de la vitalité, avec un apport record en vitamines et minéraux, le kiwi a le bon goût d'être un fruit d'hiver : profitez de lui de novembre à avril.

SMOOTHIE BELLE PEAU

Bon pour le transit, antioxydant

Pour 4 personnes
Préparation : 10 minutes

Ingrédients : 50 cl de jus de carotte bio bien frais ; 2 granny-smith ; 4 branches de céleri ; 1 betterave crue.

- Versez dans le blender le jus de carotte, les pommes pelées et épépinées, le céleri lavé, épluché et coupé en tronçons et la betterave détaillée en quartiers.
- Mixez jusqu'à obtenir une consistance homogène.

☆ L'astuce magique

Un bouquet d'antivieillissement parfait pour préparer sa peau aux rayons du soleil. En hiver, dopez-le avec quelques brins de persil, lui aussi très actif contre la rétention d'eau.

SMOOTHIE SANG NEUF

Pansement intestinal

Pour 4 personnes
Préparation : 10 minutes

Ingrédients : 800 g de myrtilles surgelées ; 2 citrons ; 2 c. à s. de sirop d'érable.

- Mettez dans le blender les myrtilles, le jus des citrons, le sirop d'agave et 2 verres d'eau.
- Mixez jusqu'à obtenir une consistance homogène.

✯ L'astuce magique

On connaît les vertus de la myrtille pour améliorer la vision de nuit, mais sait-on qu'elle est un pansement pour les intestins capricieux ? Ses fibres préviennent la constipation et ses tanins ont un effet antidiarrhéique : deux problèmes, une solution !

Coulée verte

Ventre plat

Pour 4 personnes
Préparation : 5 minutes

Ingrédients : 6 branches de céleri ; 4 citrons verts ; 1 c. à c. de sel de céleri ; 6 glaçons.

- Mettez dans le blender le céleri lavé et coupé en tronçons, le jus des citrons, le sel de céleri, 40 cl d'eau de source et les glaçons.
- Mixez jusqu'à obtenir une consistance homogène.
- Répartissez dans 4 verres et décorez d'une feuille de céleri.

✯ L'astuce magique

Complice hors pair d'une mission détox, mettez le céleri à toutes les sauces : céleri-rave ou en branches, il cumule des atouts fibres et des vitamines B6 et C antikilos.

Élixir du pote âgé

Anticholestérol, équilibre acido-basique

Pour 4 personnes
Préparation : 10 minutes

Ingrédients : 1 cœur de salade romaine ; 3 branches de céleri ; 1 granny-smith ; 2 citrons bio ; 60 cl de jus de pomme.

- Lavez et épluchez la salade et le céleri. Coupez-les grossièrement en morceaux.
- Pelez la pomme, ôtez son cœur et détaillez-la en quartiers.
- Rincez et coupez les citrons en morceaux en gardant la peau.
- Mettez tous les ingrédients dans le blender et mixez jusqu'à obtention d'une consistance lisse.

☆ L'astuce magique

Ce cocktail anti-âge ultrariche en enzymes fournit une bonne partie de nos besoins du jour en végétaux d'un seul coup ! Zéro sel, zéro gras, zéro sucre ajouté… un vrai jour de RTT pour le système digestif.

HOLLYWOOD TONIC

Anticholestérol, antidiabète

Pour 4 personnes
Préparation : 10 minutes

Ingrédients : 4 granny-smith ; 2 branches de céleri ; 1 petit bouquet de menthe ; 60 cl de Salvetat.

- Pelez les pommes, ôtez les pépins et le cœur.
- Effeuillez la menthe.
- Rincez le céleri, épluchez-le et coupez-le en tronçons.
- Mettez tous les ingrédients dans le blender et mixez jusqu'à obtenir une consistance mousseuse.
- Allongez avec la Salvetat et mélangez à la cuillère.

☆ L'astuce magique

Cette boisson peut changer de rôle en un coup de baguette : remplacez la Salvetat par 3 c. à s. de fromage Saint-Môret, mélangez bien et servez-la à l'apéro avec des bâtonnets de crudités façon trempette.

COCKTAIL NRJ

Belle peau, vitaminé

Pour 4 personnes
Préparation : 10 minutes

Ingrédients : 8 abricots bien mûrs ; 4 oranges ; 1 branche de céleri ; 2 cm de gingembre.

- Détaillez en morceaux les abricots rincés et dénoyautés, le céleri et le gingembre pelés.
- Mettez-les dans le blender avec le jus des oranges. Mixez jusqu'à obtenir une consistance homogène.
- Servez avec des glaçons.

✭ L'astuce magique

Fibres, vitamines E et C, bêta-carotène... ce cocktail explosif connaît la musique pour vous aider à garder la ligne et déchiffonner les grises mines.

DÉSTOCKMANIA

Drainant, antioxydant

Pour 4 personnes
Préparation : 5 minutes

Ingrédients : 50 cl de jus de raisin bio ; 400 g de cassis surgelés ; 2 citrons ; 1 petit bouquet de persil.

- Pressez les citrons.
- Mettez tous les ingrédients dans le blender et mixez jusqu'à obtenir une consistance homogène.

☆ L'astuce magique

Si vous ne trouvez pas de jus de raisin bio, choisissez-en un sans sucres ajoutés pour ne pas contrecarrer le pouvoir 100 % drainant de ce smoothie.

Fontaine de jouvence

Antioxydante

Pour 4 personnes
Préparation : 5 minutes

Ingrédients : 300 g de fraises ; 400 g de myrtilles surgelées ; 4 oranges ; 1 pomme.

- Pelez la pomme, ôtez les pépins et le cœur. Pressez les oranges. Rincez et équeutez les fraises.
- Réunissez tous les ingrédients dans le blender et mixez jusqu'à obtenir une consistance homogène.

☆ L'astuce magique

Des antioxydants comme s'il en pleuvait ! Si vous avez la chance de trouver des myrtilles fraîches, c'est de l'antirouille pur qui vivifiera votre organisme : dans ce cas, ajoutez 8 glaçons avant de faire tourner le blender. Pas de myrtilles ? Les cassis sauront tenir leur rang.

SHOW DEVANT !

Brûle-graisses

Pour 4 personnes
Préparation : 5 minutes

Ingrédients : 500 g de tomates bien mûres ; 1 concombre ; 1 bouquet de basilic ; ½ c. à c. de piment d'Espelette ; 1 citron.

- Rincez les tomates et le concombre, détaillez-les en morceaux sans les éplucher. Pressez le citron.
- Réunissez tous les ingrédients dans le blender et mixez jusqu'à obtenir une consistance homogène.

☆ L'astuce magique

Encore plus chaud avec quelques gouttes de Tabasco : le piment ajoute ici ses vertus diurétiques et sudorifiques à un panier gourmand zéro calorie ; une recette de star.

Mes élixirs torrides

Red Bull des champs

Stimulant, brûle-sucre

Pour 4 personnes
Préparation : 5 minutes
Infusion : 10 minutes

Ingrédients : 10 g de feuilles de maté ; 1 c. à s. de thé vert ; 1 c. à c. de cannelle ; 1 citron bio.

- Rincez et pressez le citron, râpez son zeste.
- Jetez tous les ingrédients dans 80 cl d'eau frémissante. Couvrez et laissez infuser hors du feu pendant 10 minutes.
- Filtrez et buvez chaud ou froid.

☆ L'astuce magique

La cannelle a beau apporter sa petite note sucrée, ce breuvage peut laisser une amertume en bouche peu agréable : tenez bon, réessayez par petites gorgées, le jeu en vaut vraiment la chandelle. Énergisant, boosteur digestif et coupe-faim, le maté a des qualités détox indéniables.

TISANE FOIE RETROUVÉ

Dépurative

Pour 1 litre
Préparation : 3 minutes
Infusion : 15 minutes

Ingrédients : 4 c. à c. de romarin ; 4 c. à c. de racine de chicorée ; 2 c. à c. de cannelle ; 1 clou de girofle ; 2 c. à s. de miel.

- Portez 1 litre d'eau à ébullition. Hors du feu jetez-y le romarin et la chicorée.
- Ajoutez la cannelle et le clou de girofle. Couvrez et laissez infuser 15 minutes.
- Filtrez puis incorporez le miel.
- Versez dans une Thermos et buvez tout au long de la journée.

☆ L'astuce magique

La chicorée travaille à vous rendre un foie tout neuf et le romarin est un « agent de conservation » hors pair (comprenez qu'il ralentit le vieillissement de nos cellules). Profitez-en aussi en mode « été » : remplissez un bac à glaçons de cette tisane, ils viendront aromatiser un simple verre d'eau à toute heure.

Bouillon végétal décaptout

Drainant, reminéralisant

Pour 4 personnes
Préparation : 10 minutes
Cuisson : 30 minutes

Ingrédients : 1 kg de poireaux ; 1 chou vert ; 500 g de carottes ; 3 branches de céleri ; 2 gousses d'ail ; 1 bouquet de coriandre ; 1 citron ; 2 branches de thym ; 2 branches de romarin.

- Lavez et épluchez les légumes, coupez-les en morceaux et plongez-les dans 1,5 litre d'eau bouillante. Ajoutez l'ail pelé, le thym et le romarin. Couvrez et laissez cuire pendant 30 minutes.
- Filtrez le bouillon. Ajoutez le jus du citron et la coriandre ciselée et buvez bien chaud.

L'astuce magique

En collation, pour les bouches salées, ce bouillon réchauffe, rassasie et draine à la fois. Pratique, vous pouvez manger les légumes à l'un des repas.

LE KARCHER

Coupe-faim, brûle-graisses, bon pour le transit

Pour 1 litre
Préparation : 10 minutes
Infusion : 5 minutes

Ingrédients : 2 citrons bio ; 3 cm de gingembre frais ; 4 c. à s. de sirop d'érable ; 2 clous de girofle.

- Pressez les citrons. Épluchez et râpez le gingembre. Portez 1 litre d'eau à ébullition.
- Hors du feu ajoutez le jus de citron, le gingembre, le sirop d'érable et les clous de girofle.
- Laissez infuser 5 minutes, filtrez et buvez bien chaud.

☆ L'astuce magique

Les plus courageux commenceront à boire ce citron chaud à jeun, offrant un terrain vierge à cet expert détox inégalable. Les autres le siroteront tranquillement au cours de la journée.

Jus d'orange marché de Noël

Tonus, antimicrobes

Pour 4 personnes
Préparation : 5 minutes
Cuisson : 10 minutes

Ingrédients : 8 oranges ; 4 c. à s. de miel ; 2 bâtons de cannelle ; 2 étoiles de badiane ; 2 clous de girofle.

- Pressez les oranges et versez le jus dans une casserole.
- Ajoutez ensuite le miel, la cannelle, la badiane, les clous de girofle puis chauffez tout doucement en mélangeant (le liquide ne doit pas bouillir).
- Filtrez et buvez bien chaud.

☆ L'astuce magique

Ses faux airs de vin chaud riche en épices de Noël ne réchauffent pas que les papilles : la vitamine C a de quoi mettre le feu à votre tonus. Une promesse de réconfort qui donne envie d'aller faire une grande balade : et ça, c'est bon pour notre opération détox !

Cocktail red dingue

Antikilos, antioxydant

Pour 4 personnes
Préparation : 5 minutes
Cuisson : 10 minutes

Ingrédients : 200 g de fruits rouges surgelés ; 2 bâtons de cannelle ; 4 c. à s. de miel.

- Mixez les fruits rouges avec 50 cl d'eau.
- Versez le jus dans une casserole avec la cannelle et le miel puis chauffez tout doucement en mélangeant.
- Répartissez dans 4 verres et buvez bien chaud.

☆ L'astuce magique

Un bonbon à boire, qui stimule doucement le transit et travaille à nettoyer notre organisme ? Qui a dit que vous faisiez un régime ? Si vous en devenez « raide dingue », invitez ce cocktail dans vos yaourts et fromages blancs !

OPEN BAR DE PRINTEMPS

Facilite la digestion, jambes légères

Pour 1 litre
Préparation : 3 minutes
Infusion : 5 minutes

Ingrédients : 1 c. à s. de fumeterre ; 1 c. à s. de géranium Robert ; 1 c. à s. de mélisse.

- Versez les trois plantes dans une théière remplie de 1 litre d'eau bouillante.
- Couvrez et laissez infuser 5 minutes. Filtrez.
- Remplissez-en une Thermos et buvez tout au long de la journée.

☆ L'astuce magique

Vous trouverez la fumeterre et le géranium Robert au rayon diététique de votre grande surface, ou en herboristerie et pharmacie.

Pour une cure ciblée « stop-faim », versez une tasse de cette infusion dans une casserole, ajoutez ½ c. à c. d'agar-agar. Laissez frémir 1 minute en remuant puis avalez pendant que c'est encore bien chaud : l'agar-agar a cela de magique, il prend ses aises dans l'estomac ; on est rassasié avec zéro calorie.

Open bar d'automne

Dépuratif, diurétique, antidéprime

Pour 1 litre
Préparation : 3 minutes
Infusion : 10 minutes

Ingrédients : 2 c. à s. de prêle ; 1 c. à s. de verveine.

- Versez les deux plantes dans 1 litre d'eau bouillante.
- Couvrez et laissez infuser 10 minutes. Filtrez.
- Remplissez-en une Thermos et buvez tout au long de la journée.

☆ L'astuce magique

Vous trouverez la prêle et la verveine au rayon diététique de votre grande surface, ou en herboristerie et pharmacie.

Éliminer les toxines dans la bonne humeur : tout un programme que la prêle, dépurative et diurétique, vous promet en duo avec la verveine, connue pour éviter les baisses d'humeur.

Open bar d'hiver

Diurétique, stimulant immunitaire

Pour 1 litre
Préparation : 3 minutes
Cuisson : 5 minutes
Infusion : 10 minutes

Ingrédients : 1 c. à s. de sauge officinale ; 1 c. à s. de chiendent ; 1 c. à s. de réglisse.

- Versez les trois plantes dans une casserole remplie de 1 litre d'eau froide. Portez à ébullition, baissez le feu et laissez frémir pendant 5 minutes.
- Hors du feu, couvrez et faites infuser 10 minutes. Filtrez.
- Remplissez-en une Thermos et buvez tout au long de la journée.

☆ L'astuce magique

Vous trouverez ces plantes au rayon diététique de votre grande surface, ou en herboristerie et pharmacie.

Qui a dit que le chiendent était une mauvaise herbe ? Pas pour notre expédition dépolluante, en tout cas, son effet diurétique chasse les ballonnements. Quant à la sauge, nous ne saurions trop vous conseiller de vous procurer un pied en pot : elle se marie tellement bien à toutes sortes de viandes, tout en veillant à une digestion sereine.

Tea pique détox

Stimulant, antibactérien

Pour 4 personnes
Préparation : 5 minutes
Infusion : 4 minutes

Ingrédients : 3 c. à s. de thé vert au jasmin ; 1 cm de gingembre frais ; ½ citron bio ; 1 pincée de poivre noir moulu.

- Versez 75 cl d'eau dans une casserole, ajoutez le gingembre pelé et râpé, le zeste du demi-citron rincé et le poivre. Portez à frémissements.
- Versez dans une théière sur le thé, couvrez, laissez infuser pendant 4 minutes, puis filtrez.

✯ L'astuce magique

Prenez le réflexe « tour de moulin » : le poivre accélère la production de bile par le foie, ce qui permet une meilleure épuration des toxines.

L'eau chaude réinventée

Fluidifie le sang, alliée perte de poids

Pour 1 litre
Préparation : 5 minutes
Cuisson : 10 minutes

Ingrédients : 1 litre d'eau ; 2 citrons bio ; 2 c. à s. de sirop d'agave (facultatif).

- Versez l'eau dans une casserole, ajoutez les citrons lavés et détaillés en tranches fines.
- Portez à ébullition, baissez le feu et laissez frémir pendant 10 minutes. Filtrez.
- Remplissez-en une Thermos et buvez tout au long de la journée.

L'astuce magique

Pour bénéficier des vertus détoxifiantes et purifiantes du citron, il faut garder son écorce. Donc citrons bio ou non traités de rigueur.

Par ici mes bonnes soupes !

LA PETITE SOUPE DU BONHEUR

Coupe-faim, diurétique

Pour 4 personnes
Préparation : 20 minutes
Cuisson : 1 heure

Ingrédients : ½ chou vert ; 1 poireau ; 1 tomate ; 1 aubergine ; 1 branche de céleri ; 1 bulbe de fenouil ; 1 poivron rouge ; 1 oignon ; 1 gousse d'ail ; 1 branche de thym ; 1 feuille de laurier.

- Rincez et épluchez tous les légumes puis détaillez-les en petits morceaux. Plongez-les dans une casserole remplie de 1 litre d'eau bouillante avec le thym et le laurier.
- Laissez cuire à feu doux pendant 1 heure.

☆ L'astuce magique

Ne salez pas afin de garder tout le potentiel diurétique de ce patchwork de légumes.

Et pour que cette soupe conserve son pouvoir coupe-faim, ne la mixez pas, sauf si estomac et intestins sensibles.

LA SOUPE MISO

Brûle-graisses

Pour 4 personnes
Préparation : 10 minutes
Cuisson : 13 minutes

Ingrédients : 2 c. à s. de miso ; 10 wakamés (algues) ; 1 petit bloc de tofu semi-ferme ; 2 oignons nouveaux.

- Versez 70 cl d'eau dans une casserole, ajoutez les wakamés et portez à ébullition. Laissez frémir 10 minutes.
- Détaillez le tofu en petits dés.
- Délayez le miso dans 1 louche de bouillon puis versez-le dans la casserole.
- Rincez et émincez les oignons nouveaux. Ajoutez-les avec le tofu au bouillon. Laissez chauffer 3 à 4 minutes sans jamais arriver à ébullition. Le miso ne doit pas bouillir.
- Répartissez dans 4 bols, patientez le temps que le miso décante, puis servez.

→

✮ L'astuce magique

La soupe miso réunit tous les aliments champions détox et brûle-graisses : les algues et le soja. Selon une étude de l'Hokkaido University Graduate School of Fisheries Sciences in Japan, un bol de soupe miso par jour peut accélérer jusqu'à 10 % la perte de poids. À bon entendeur…

Juste avant de servir, parsemez les bols d'un petit bouquet de coriandre ciselé.

Vous trouverez tous les ingrédients au rayon exotique des grandes surfaces ou en boutique bio.

LA PETITE ROQUETTE

Foie propre, reminéralisante

Pour 4 personnes
Préparation : 5 minutes
Cuisson : 5 minutes

Ingrédients : 400 g de roquette ; 1 sachet de bouillon de légumes (voir L'astuce magique, p. 196) ; 20 cl de crème de soja ; 2 c. à s. d'huile d'olive ; 1 c. à c. de « curcuma détox » (voir p. 201).

- Faites infuser le sachet de bouillon dans 30 cl d'eau froide.
- Versez l'huile dans une poêle et jetez-y la moitié de la roquette. Laissez cuire 2 minutes en remuant sans cesse. Incorporez le bouillon et prolongez la cuisson à feu doux pendant 3 minutes.
- Versez la préparation dans le blender avec le reste de roquette, la crème et le curcuma détox.
- Placez au frais pendant 2 heures.

☆ L'astuce magique

Servez, à part, des radis roses en rondelles, des poivrons et des branches de céleri en lamelles, dont chacun parsèmera son gaspacho.

Soupe raw food

Anticholestérol, antioxydante, vitaminée

Pour 4 personnes
Préparation : 10 minutes

Ingrédients : 1 avocat ; 1 poivron rouge ; 6 oignons nouveaux ; 2 betteraves crues ; 1 branche de céleri ; sel, poivre.

- Mettez dans le blender l'avocat pelé et dénoyauté, le poivron épépiné, 3 oignons et les betteraves épluchés. Ajoutez 50 cl d'eau, du sel et du poivre. Mixez jusqu'à obtenir une consistance lisse.
- Ciselez finement 3 oignons et la branche de céleri rincée et épluchée. Répartissez-les au fond de 4 bols et versez la soupe par-dessus.

L'astuce magique

Parsemez de quelques brins de ciboulette ciselée, à la fois détox et « raw food » (« nourriture crue » ou « brute » ou encore « sauvage », une démarche écologique et philosophique qui commence à faire rage en France).

Si estomac sensible, épluchez le poivron, à la peau indigeste.

Si estomac insensible, ajoutez 2 gouttes de Tabasco dans chaque bol.

SOUPE CHOU COMME TOUT

Anti-âge, spécial femmes, belle peau

Pour 4 personnes
Préparation : 15 minutes
Cuisson : 35 minutes

Ingrédients : 1 chou vert ; 2 carottes ; 2 branches de céleri ; 1 petit bouquet de persil ; 1 c. à s. de « curcuma détox » (voir recette p. 201).

- Plongez le chou coupé en morceaux dans une grande casserole d'eau bouillante salée et laissez cuire pendant 20 minutes.
- Épluchez et détaillez en petits morceaux les carottes, le céleri et le persil. Ajoutez-les dans la casserole avec le « curcuma détox ».
- Poursuivez la cuisson pendant 15 minutes.
- Consommez cette soupe bien chaude sans la mixer.

☆ L'astuce magique

Spécial estomacs délicats :

– Mixez la soupe.

– Faites cuire le chou dans 2 eaux pour éliminer ses substances indigestes : plongez-le dans l'eau bouillante 5 minutes, posez-le dans une passoire et rincez-le sous l'eau fraîche. Remettez-le dans une nouvelle eau bouillante salée et laissez cuire 15 minutes.

SOUPE DU RAMONEUR

Anti-rétention d'eau

Pour 4 personnes
Préparation : 10 minutes
Cuisson : 25 minutes

Ingrédients : 4 poireaux ; 1 petit chou-fleur ; 1 sachet de roquette ; 2 gousses d'ail ; 1 c. à s. de « curcuma détox » ; 1 c. à s. d'huile d'olive.

- Chauffez l'huile dans une cocotte avec le « curcuma détox » et l'ail haché pendant 3 minutes en remuant.
- Épluchez les poireaux en ôtant les feuilles extérieures, lavez-les consciencieusement puis coupez-les en tronçons. Ajoutez-les dans la cocotte avec le chou-fleur détaché en fleurettes. Recouvrez d'eau et laissez cuire à couvert pendant 20 minutes. Ajoutez la roquette et mixez au mixeur plongeant.

☆ L'astuce magique

Pour une soupe détox minute, utilisez poireaux et chou-fleur surgelés.

Vous pouvez remplacer la roquette par de la chicorée.

LA SOUPE D'UGOLIN

Antigonflette, rassasiante

Pour 4 personnes
Préparation : 10 minutes
Cuisson : 20 minutes

Ingrédients : 3 bulbes de fenouil ; 2 courgettes ; 1 oignon ; 2 gousses d'ail ; 1 bouquet de cerfeuil.

- Rincez et épluchez les fenouils, les courgettes, l'oignon et l'ail et détaillez-les en morceaux.
- Plongez-les dans 1 litre d'eau bouillante avec le cerfeuil, couvrez et laissez cuire à petit feu pendant 20 minutes.
- Passez la soupe au mixeur plongeant, salez et poivrez.

☆ L'astuce magique

Donnez du velouté en ajoutant 15 cl de crème de soja au moment de servir.

Soupe neige au soleil

Reminéralisante, coupe-faim

Pour 4 personnes
Préparation : 10 minutes
Réfrigération : 2 heures

Ingrédients : 2 concombres ; 2 gousses d'ail ; 1 citron ; 1 bouquet de menthe ; sel, poivre.

- Lavez les concombres, coupez-les en tronçons et mettez-les dans le blender avec l'ail pelé, la menthe, le jus du citron, du sel et du poivre.
- Mixez jusqu'à obtenir une consistance homogène.
- Répartissez dans 4 verres plats et placez au frais pendant 2 heures.

L'astuce magique

Comment ne pas fondre, avec un légume quatre fois moins calorique que les très respectables haricots verts ? Saupoudrez de paprika au moment de servir.

SOUPE AUTOBRONZANTE

Anti-âge, belle peau

Pour 4 personnes
Préparation : 10 minutes
Cuisson : 30 minutes

Ingrédients : 1 kg de carottes ; 2 cm de gingembre frais ; 1 orange bio ; 1 c. à c. de cumin en poudre ; 1 branche de romarin ; sel, poivre.

- Grattez les carottes, coupez-les en tronçons et plongez-les dans une grande casserole d'eau bouillante avec le romarin effeuillé. Couvrez et laissez cuire 20 minutes à feu moyen.
- Pendant ce temps rincez et pressez l'orange, râpez le zeste et le gingembre pelé. Ajoutez-les dans la casserole ainsi que le cumin. Salez et poivrez. Poursuivez la cuisson 10 minutes.
- Versez le tout dans le blender et mixez jusqu'à obtenir une consistance crémeuse.

☆ L'astuce magique

Philtre bonne mine naturel et bon marché, la carotte se fait ici gentiment chahuter par le gingembre, déclencheur d'énergie. Amateur de saveurs exotiques, parsemez votre soupe de coriandre ciselée.

SOUPE MISTER FREEZE

Antinausées, purificatrice du sang

Pour 4 personnes
Préparation : 10 minutes
Réfrigération : 2 heures

Ingrédients : 2 avocats mûrs ; 1 concombre ; 1 courgette ; 1 citron vert bio ; 1 c. à s. de « curcuma détox » (voir recette p. 201).

- Épluchez les avocats, le concombre et la courgette et détaillez-les en morceaux.
- Mettez-les dans le blender avec le jus et une bande de zeste du citron, le « curcuma détox » et 1 verre d'eau. Mixez jusqu'à obtenir une consistance homogène.
- Répartissez dans 4 bols et placez au réfrigérateur pendant 2 heures.

☆ L'astuce magique

Mettez une petite touche rouge dans ce bouquet de verdure frais : quelques lamelles fines de poivron rouge parsemées sur le dessus, ça croque.

Mes petites entrées sont de sortie

Salade trop craquante

*Élimine les trop-pleins,
stimule la digestion*

Pour 4 personnes
Préparation : 10 minutes

Ingrédients : 1 gros radis noir ; 1 c. à c. de moutarde ; 1 citron ; 3 c. à s. d'huile d'olive ; graines germées de radis.

- Pelez et râpez le radis noir.
- Dans un saladier, mélangez la moutarde, le jus du citron et l'huile d'olive.
- Incorporez le radis, parsemez de graines germées et dégustez bien frais.

L'astuce magique

Utilisez de la moutarde à l'ancienne, ses petits grains croquants sont si délicieux.

N'utilisez que des graines germées d'une extrême fraîcheur, en boutique bio ou, mieux, faites-les vous-même : toutes les jardineries vendent des germoirs.

Céleri raiforade

Stimulant, dépuratif

Pour 4 personnes
Préparation : 10 minutes

Ingrédients : 1 petite boule de céleri-rave ; 1 c. à s. de raifort ; 20 cl de crème de soja ; sel, poivre.

- Pelez et râpez le céleri.
- Dans un saladier, mélangez le raifort, la crème, du sel et du poivre.
- Incorporez le céleri et mélangez.

☆ L'astuce magique

Ce sont les racines du raifort *(Armoracia rusticana)* qui sont utilisées comme condiment (tout comme pour le wasabi, de la même famille, mais qui ne pousse qu'au Japon). Outre son talent à stimuler la digestion, il remet sur pied convalescents et « petites formes ».

Passée 5 minutes au four (180 °C, th. 6), cette salade fond sous la dent.

Salade de melon aux avocats

Minceur, belle peau

Pour 4 personnes
Préparation : 10 minutes

Ingrédients : 1 melon ; 2 avocats ; 1 orange ; 2 c. à s. d'huile d'olive ; sel, poivre.

- Pelez les avocats, ôtez les noyaux et détaillez la chair en lamelles.
- Coupez le melon en quatre, épépinez-le, ôtez la peau et coupez la chair en lamelles.
- Disposez les tranches de melon et d'avocat sur 4 assiettes. Arrosez-les d'une vinaigrette faite avec le jus de l'orange, l'huile, du sel et du poivre.

☆ L'astuce magique

Tonique et rassasiante, servez cette salade bien fraîche, parsemée de menthe ciselée.

Salade de carottes ébouriffante

Belle peau, antioxydante

Pour 4 personnes
Préparation : 10 minutes
Réfrigération : 1 heure

Ingrédients : 800 g de carottes ; 2 échalotes ; 2 citrons ; 1 cm de gingembre ; 2 c. à s. d'huile d'olive ; sel, poivre.

- Pelez et râpez les carottes.
- Mélangez dans un saladier le jus des citrons, l'huile, les échalotes émincées, le gingembre pelé et râpé, du sel et du poivre.
- Incorporez les carottes, remuez et placez au frais pendant 1 heure.

☆ L'astuce magique

Pour ne pas heurter les « bouches sucrées », remplacez 1 citron par ½ orange.

Au moment de servir, parsemez de coriandre ciselée.

LA SALADE DE L'ANGE GABRIEL

Brûle-sucre, ultra-light

Pour 4 personnes
Préparation : 10 minutes

Ingrédients : 200 g de pousses d'épinards ; 20 tomates-cerises ; 4 oignons nouveaux ; 1 c. à c. de « curcuma détox » (voir recette p. 201) ; 2 c. à s. d'huile d'olive ; ½ orange.

- Mélangez dans un saladier le jus de l'orange, l'huile et le « curcuma détox ».
- Ajoutez les oignons ciselés, les tomates-cerises coupées en deux et les pousses d'épinards.

☆ L'astuce magique

Au moment de servir, auréolez cette salade de menthe ciselée.

Betterave c'est du tout cru

Anti-âge

Pour 4 personnes
Préparation : 10 minutes

Ingrédients : 4 betteraves crues ; 1 granny-smith ; ½ citron ; 1 c. à s. d'huile de noix ; 1 c. à s. de vinaigre de cidre ; sel, poivre.

- Épluchez les betteraves et la pomme. Râpez-les finement.
- Mélangez dans un saladier le jus du citron, l'huile, le vinaigre, du sel et du poivre.
- Ajoutez les betteraves et la pomme puis mélangez.

☆ L'astuce magique

Si vous faites un service à l'assiette, installez un petit nid de chicorée avant d'y déposer la salade de betterave et de la parsemer de persil plat ciselé.

Carpaccio entre terre et mer

Renfort des os, drainant

Pour 4 personnes
Préparation : 10 minutes

Ingrédients : 6 grosses noix de Saint-Jacques ; 2 avocats ; 2 kiwis ; 1 orange ; 1 c. à s. d'huile d'olive ; poivre.

- Pelez les avocats et les kiwis. Découpez-les en fines tranches ainsi que les Saint-Jacques.
- Répartissez les tranches dans 4 assiettes en les alternant.
- Dans un bol, mélangez le jus de l'orange, l'huile et du poivre.
- Arrosez la salade de la sauce et servez aussitôt.

☆ L'astuce magique

Un séjour d'un quart d'heure au congélateur devrait grandement simplifier la découpe des Saint-Jacques. Ajoutez trois baies roses par assiette pour enchanter aussi les yeux.

BOUQUETS GARNIS

Oméga 3, reminéralisants

Pour 4 personnes
Préparation : 10 minutes

Ingrédients : 20 crevettes roses cuites et décortiquées ; 1 avocat ; 100 g de roquette ; 1 pamplemousse ; 2 c. à s. d'huile d'olive ; 1 orange ; sel, poivre.

- Épluchez l'avocat et détaillez sa chair en tranches. Pelez le pamplemousse à vif et détachez les quartiers. Déposez le tout dans un saladier avec la roquette et les crevettes.
- Dans un bol mélangez le jus de l'orange, l'huile, du sel et du poivre. Arrosez la salade de cette sauce.
- Parsemez de ciboulette ciselée et servez bien frais.

☆ L'astuce magique

La ciboulette, la coriandre ou la citronnelle s'entendent bien avec les crevettes et tonifient le goût de l'orange : si vous appréciez ces saveurs exotiques, faites des essais !

MILLEFEUILLES D'ARTICHAUTS

Protecteur du foie,
stimule la flore intestinale

Pour 4 personnes
Préparation : 20 minutes

Ingrédients : 6 artichauts violets ; 2 branches de céleri ; 1 ½ citron ; 2 c. à s. d'huile d'olive ; sel, poivre.

- Ôtez les feuilles extérieures des artichauts puis tournez-les. Déposez-les au fur et à mesure dans un saladier rempli d'eau additionnée du jus de ½ citron. Détaillez-les en fines tranches.
- Rincez, épluchez et émincez les branches de céleri.
- Mettez les artichauts et le céleri dans un saladier, arrosez avec l'huile, le jus du citron, salez et poivrez.
- Mélangez et servez bien frais.

L'astuce magique

Au moment de servir, parsemez de persil ciselé.

Pour tourner les artichauts : ôtez les feuilles, épluchez le pied, coupez net la tête puis tournez autour de l'artichaut avec un petit couteau en biais. Poursuivez l'opération jusqu'à obtenir une « boule » blanche.

Salade de courgettes à la croque

Vitaminée, digestion facile

Pour 4 personnes
Préparation : 10 minutes

Ingrédients : 4 petites courgettes ; 1 gousse d'ail ; 1 c. à s. d'huile d'olive ; 1 citron bio ; sel, poivre.

- Rincez les courgettes et détaillez-les en rondelles très fines à l'aide d'une mandoline.
- Râpez finement le zeste du citron et parsemez-le sur les courgettes.
- Mélangez dans un bol l'ail pressé, l'huile et le jus du citron. Salez et poivrez. Versez sur les courgettes.

✯ L'astuce magique

Parsemez de ciboulette ciselée au moment de servir, et pas seulement pour que ça soit joli ; la ciboulette est un tout-en-un : elle aide à digérer et est légèrement laxative. Nos grands-mères en mâchaient quelques brins en cas d'infection.

Choisissez des petites courgettes, plus tendres et plus fortes en goût de noisette.

Navets nouveaux acidulés

Revitalisants, diurétiques

Pour 4 personnes
Préparation : 15 minutes
Réfrigération : 2 heures

Ingrédients : 1 petite botte de navets nouveaux ; 2 oranges ; 1 c. à c. de harissa ; 1 c. à c. de coriandre en poudre ; sel.

- Lavez et pelez les navets, coupez-les en tranches fines à la mandoline. Déposez-les dans un saladier. Saupoudrez-les de coriandre et salez légèrement.
- Pelez 1 orange à vif, détachez les segments et coupez-les en trois. Ajoutez-les dans le saladier.
- Pressez l'autre orange, délayez la harissa dans le jus et versez sur la salade. Mélangez et placez au réfrigérateur pendant 2 heures.

☆ L'astuce magique

Vous pouvez remplacer les oranges par 1 pamplemousse ou 2 oranges amères si vous en trouvez.

SALADE FONDANTE D'ARTICHAUTS À L'ORANGE

Foie propre, drainante

Pour 4 personnes
Préparation : 5 minutes

Ingrédients : 2 oranges ; 8 fonds d'artichaut surgelés ; 2 c. à s. d'huile d'olive ; 2 c. à s. de vinaigre balsamique ; 1 c. à c. de « curcuma détox » (voir p. 201).

- Déposez les fonds d'artichaut dans le panier d'un cuit-vapeur et laissez-les cuire 20 minutes.
- Pelez les oranges à vif, séparez les quartiers, détaillez-les en dés ainsi que les fonds d'artichaut. Posez-les dans un saladier.
- Dans un bol, mélangez l'huile, le vinaigre et le « curcuma détox ». Versez sur la salade et mélangez.

✯ L'astuce magique

Parsemez de persil plat ciselé au moment de servir.

CARPACCIO DE MELON AU BASILIC

Minceur, belle peau

Pour 4 personnes
Préparation : 10 minutes

Ingrédients : 1 melon ; 1 citron vert ; 1 c. à s. d'huile d'olive ; 1 petit bouquet de basilic ; poivre.

- Ouvrez le melon, ôtez ses pépins puis détaillez-le en fines tranches à l'aide d'une mandoline.
- Répartissez les tranches dans 4 assiettes. Mélangez le jus du citron et l'huile et arrosez-en le melon.
- Poivrez et parsemez de basilic ciselé. Servez bien frais.

☆ L'astuce magique

Aujourd'hui en entrée, demain en dessert ? Supprimez l'huile et remplacez le poivre par 1 c. à s. de miel.

Concombre à la fraîche

Drainant, reminéralisant

Pour 4 verres
Préparation : 10 minutes
Congélation : 3 heures

Ingrédients : 1 gros concombre ; 2 citrons verts ; 1 petit bouquet de menthe ; sel, poivre.

- Coupez le concombre en deux dans sa longueur, ôtez les pépins à l'aide d'une petite cuillère puis coupez-le en tronçons. Mettez-les dans le blender avec le jus des citrons, la menthe effeuillée, du sel et du poivre et mixez jusqu'à obtenir une consistance mousseuse.
- Versez le mélange dans un plat large et peu profond et faites prendre 3 heures au congélateur en grattant le granité à la fourchette toutes les demi-heures.

L'astuce magique

Pressé par le temps ? Oubliez la deuxième partie de la recette et présentez ce smoothie dans des verres à orangeade avec une feuille de menthe qui surnage.

Radis Jacob

Reminéralisants, bons pour le transit

Pour 4 personnes
Préparation : 10 minutes

Ingrédients : 2 bottes de radis roses ; 1 orange ; 2 poignées de roquette ; 1 c. à c. de harissa ; 2 c. à s. d'huile d'olive.

- Dans un saladier, émulsionnez le jus de l'orange, la harissa et l'huile.
- Lavez, épluchez et coupez les radis en rondelles.
- Rincez la roquette et ciselez-la.
- Ajoutez les radis et la roquette dans le saladier, mélangez et servez.

☆ L'astuce magique

Vous pouvez remplacer la roquette par une poignée de feuilles de basilic.

Mes petits plats valent des grands

POISSON NETTOYEUR

Anti-âge, protège le système sanguin

Pour 4 personnes
Préparation : 8 minutes
Cuisson : 10 minutes

Ingrédients : 4 pavés de cabillaud ; 2 c. à s. de thé vert ; 1 c. à c. de citronnelle séchée.

- Mettez le thé et la citronnelle dans l'eau d'un cuit-vapeur.
- Déposez les pavés de poisson dans le panier au-dessus du thé et poursuivez la cuisson pendant 10 minutes.

☆ L'astuce magique

Si vous trouvez de la citronnelle fraîche, c'est encore mieux. Achetez-en 2 tiges : vous en mettrez une dans le cuit-vapeur et vous émincerez l'autre et la répartirez sur les pavés au moment de servir.

BIG MAQ MINCEUR

Équilibre acido-basique, immunité

Pour 4 personnes
Préparation : 15 minutes
Cuisson : 2 minutes
Marinage : 30 minutes

Ingrédients : 4 maquereaux en filets avec la peau ; 2 pamplemousses roses ; 2 citrons verts ; 3 c. à s. d'huile d'olive ; 1 c. à s. de « curcuma détox » (voir recette p. 201).

- Pelez les pamplemousses à vif et détachez les quartiers.
- Versez 1 c. à s. d'huile dans une poêle bien chaude et faites revenir les filets de poisson 2 minutes côté peau. Déposez-les sur un plat. Saupoudrez de « curcuma détox » et de poivre.
- Arrosez-les du jus des citrons et laissez mariner pendant 30 minutes.
- Disposez 2 filets de poisson sur chaque assiette entourés des quartiers de pamplemousse.

☆ L'astuce magique

Servez avec des pousses d'épinards et parsemez d'aneth ciselé.

Poulet bollywood

Tonus, bon pour la flore intestinale

Pour 4 personnes
Préparation : 15 minutes
Cuisson : 15 minutes
Réfrigération : 1 heure

Ingrédients : 4 blancs de poulet ; 1 citron vert ; 2 gousses d'ail ; 1 yaourt bifidus ; 2 cm de gingembre ; 1 c. à s. de paprika ; sel, poivre.

- Détaillez le poulet en dés et arrosez-les du jus du citron.
- Dans un saladier, mélangez le yaourt, l'ail pressé, le gingembre râpé et le paprika. Salez légèrement et poivrez. Ajoutez les dés de poulet et mélangez bien. Placez 1 heure au réfrigérateur.
- Préchauffez le four à 210 °C (th. 7). Recouvrez la lèchefrite de papier sulfurisé.
- Enfilez les dés de poulet sur des piques à brochettes et enfournez pour 15 minutes en les retournant à mi-cuisson.

L'astuce magique

Servez parsemé de coriandre ciselée.

Les puristes proposeront une sauce à la menthe light en accompagnement : mixez le restant de marinade avec 1 yaourt, la chair de ½ avocat et 1 petit bouquet de menthe rincé et effeuillé.

Veau doux

Anti-maux d'estomac, stimule le foie

Pour 4 personnes
Préparation : 10 minutes
Cuisson : 5 minutes
Réfrigération : 30 minutes

Ingrédients : 4 médaillons de veau ; 2 citrons ; 1 c. à c. de « curcuma détox » (voir recette p. 201) ; 1 oignon ; 1 c. à s. d'huile d'olive.

- Découpez la viande en fines lanières. Recouvrez-les du jus des citrons, saupoudrez de « curcuma détox », mélangez et placez au frais pendant 30 minutes.
- Faites dorer l'oignon émincé dans une poêle avec l'huile d'olive. Égouttez la viande et faites-la sauter dans la poêle pendant 5 minutes en remuant.

☆ L'astuce magique

Servez accompagné d'une purée de carottes et de riz complet basmati.

POULET SAUNA

Stimulant, antispasmodique

Pour 4 personnes
Préparation : 5 minutes
Cuisson : 50 minutes

Ingrédients : 1 poulet fermier ; 1 citron ; 5 gousses d'ail ; 1 petit bouquet d'estragon ; sel, poivre.

- Mixez ensemble l'ail pelé, l'estragon effeuillé, le jus du citron, du sel et du poivre. Enduisez le poulet avec ce mélange et versez le reste à l'intérieur de la volaille.
- Déposez le poulet dans le cuit-vapeur et laissez cuire 50 minutes.

☆ L'astuce magique

Servez avec une petite sauce vite faite bien faite : mélangez 1 yaourt bifidus, le jus de 1 citron et 6 tiges d'estragon ciselées. Salez et poivrez.

ROCK'N ROLL MOPS

Confort digestif, revitalisant

Pour 4 personnes
Préparation : 15 minutes
Cuisson : 20 minutes

Ingrédients : 4 filets de colin ; 8 tomates séchées ; 2 c. à s. d'huile d'olive ; 2 c. à c. de « curcuma détox » (voir recette p. 201) ; 1 bouquet de persil plat.

- Préchauffez le four à 210 °C (th. 7).
- Coupez les filets de colin en deux dans leur longueur. Déposez une tomate et une branche de persil sur chaque demi-filet, saupoudrez de « curcuma détox », arrosez d'un filet d'huile.
- Roulez les filets et maintenez-les à l'aide d'une pique en bois.
- Découpez 4 grandes feuilles de papier sulfurisé. Déposez 2 rouleaux sur chaque papillote et fermez-les.
- Enfournez pour 20 minutes.

☆ L'astuce magique

Une simple poêlée de courgettes rehaussée d'une pointe d'ail accompagnera ce plat détox, sans éteindre le goût du poisson.

Pot-au-feu de la mer et son roulis d'asperge

Anti-rétention d'eau, bon pour le transit

Pour 4 personnes
Préparation : 15 minutes
Cuisson : 13 minutes

Ingrédients : 4 filets de cabillaud ; 4 navets ; 4 carottes ; 4 blancs de poireaux ; 2 sachets d'asperges vertes surgelées.

- Épluchez les légumes et taillez-les en julienne. Mettez le tout dans le panier inférieur d'un cuit-vapeur.
- Déposez les filets de cabillaud dans le panier supérieur. Faites cuire 10 minutes.
- Pendant ce temps plongez les asperges dans une grande casserole d'eau bouillante salée pendant 3 minutes.
- Mixez-les avec un peu de bouillon de cuisson jusqu'à obtenir une sauce crémeuse.
- Répartissez les légumes dans les assiettes, posez un filet de cabillaud par-dessus et nappez de la sauce d'asperges.

☆ L'astuce magique

Vous pouvez ajouter un petit bouquet de basilic dans le mixeur avec les asperges.

Papillotes de lapin à la citronnelle

Bonnes pour le transit, belle peau

Pour 4 personnes
Préparation : 15 minutes
Cuisson : 30 minutes

Ingrédients : 4 cuisses de lapin ; 1 botte de carottes nouvelles ; 2 citrons verts bio ; 4 tiges de citronnelle ; 1 c. à c. de « curcuma détox » (voir recette p. 201).

- Préchauffez le four à 210 °C (th. 7).
- Brossez les carottes et taillez-les en très fines rondelles. Émincez les blancs de citronnelle.
- Découpez 4 grands carrés de papier sulfurisé et posez une cuisse de lapin sur chacun d'eux. Ajoutez les carottes et la citronnelle. Arrosez du jus des citrons et saupoudrez de « curcuma détox ».
- Refermez les papillotes à l'aide d'une pique en bois et enfournez pour 30 minutes.

✯ L'astuce magique

Si ce n'est pas la saison des carottes nouvelles, remplacez-les par 4 carottes, mais il vous faudra les peler.

La citronnelle fraîche se trouve en épicerie asiatique. À défaut, remplacez-la par de la citronnelle séchée vendue en grande surface.

Maquereaux siciliens

Antioxydants, top minceur

Pour 4 personnes
Préparation : 10 minutes
Cuisson : 20 minutes

Ingrédients : 4 maquereaux ; 8 petites tomates ; 3 gousses d'ail ; 2 oignons ; 4 brins de cerfeuil ; sel et poivre.

- Préchauffez le four à 210 °C (th. 7).
- Hachez l'ail, les oignons et le cerfeuil. Détaillez les tomates en quartiers.
- Déposez chaque maquereau dans une feuille de papier sulfurisé. Ajoutez les tomates, l'ail, les oignons, le cerfeuil. Salez et poivrez. Refermez les papillotes et enfournez pour 20 minutes.

☆ L'astuce magique

Encore plus facile avec des papillotes en silicone.

CEVICHE DE SAUMON ACIDULÉ

Antigonflette, tonus, oméga 3

Pour 4 personnes
Préparation : 20 minutes
Réfrigération : 2 heures

Ingrédients : 700 g de saumon du Pacifique ; 1 citron bio ; 1 orange ; 1 courgette ; 1 cm de gingembre ; 1 c. à s. d'huile d'olive.

- Détaillez le saumon en petits dés. Pressez l'orange et le citron, hachez le zeste du citron. Râpez la courgette.
- Mélangez les jus d'agrumes avec l'huile et le gingembre râpé.
- Répartissez le poisson et la courgette dans 4 verrines, arrosez de la sauce, couvrez et mettez au réfrigérateur pendant 2 heures.

☆ L'astuce magique

Placez le morceau de saumon au congélateur pendant 30 minutes pour le découper plus facilement.

Parsemez de coriandre ciselée au moment de servir.

CASSE-CROÛTE DE DORADE

Stimulant, protecteur gastrique

Pour 4 personnes
Préparation : 10 minutes
Cuisson : 30 minutes

Ingrédients : 1 dorade de 1,5 kg ; 1 kg de gros sel ; 2 c. à s. de thym citronné ; 1 bouquet de basilic ; 2 blancs d'œufs.

- Préchauffez le four à 210 °C (th. 7).
- Videz la dorade sans l'écailler (ou demandez à votre poissonnier de le faire).
- Mélangez le sel, le thym, le basilic et les blancs d'œufs.
- Étalez une couche de sel vert dans le plat de cuisson, déposez le poisson par-dessus et recouvrez-le entièrement de sel.
- Enfournez pour 30 minutes. Cassez la croûte de sel au moment de servir pour dégager le poisson.

☆ L'astuce magique

Vous pouvez remplacer le basilic par du curry pour une dorade jaune, par du paprika pour une dorade rouge… Et pour parfaire votre œuvre éphémère, dessinez une bouche souriante et des écailles sur la croûte de sel avec un filet de vinaigre balsamique avant de l'enfourner : effet bœuf garanti !

LA TRUITE DE CHOU VERT ♫ ♫ ♫

Coupe-faim, immunité

Pour 4 personnes
Préparation : 5 minutes
Cuisson : 10 minutes

Ingrédients : 4 filets de truite ; 4 feuilles de chou ; 1 c. à s. de « curcuma détox » (voir recette p. 201) ; 1 citron.

- Préchauffez le four à 210 °C (th. 7).
- Jetez les feuilles de chou 3 minutes dans de l'eau bouillante, rincez-les sous l'eau fraîche puis séchez-les.
- Mélangez le « curcuma détox » et le jus du citron, badigeonnez-en le poisson sur les deux faces.
- Déposez un filet de truite dans chaque feuille de chou, salez, poivrez et fermez chaque papillote en la maintenant avec une pique en bois.
- Enfournez pour 10 minutes.

☆ L'astuce magique

Version été : servez des tomates rôties aux herbes de Provence ; version automne : de la choucroute.

Passeporc thaï

Brûle-graisses, belle peau

Pour 4 personnes
Préparation : 10 minutes
Cuisson : 13 minutes

Ingrédients : 400 g de filet mignon de porc ; 1 chou Romanesco ; 1 brocoli ; 3 c. à s. de sauce soja ; 1 c. à c de miel ; 1 cm de gingembre.

- Détachez le chou et le brocoli en fleurettes, déposez-les dans le cuit-vapeur et laissez cuire 10 minutes.
- Détaillez le porc en fines lamelles puis faites-les revenir 5 minutes dans une poêle antiadhésive bien chaude.
- Dans un bol mélangez la sauce soja, 5 c. à s. d'eau chaude, le miel et le gingembre pelé et râpé.
- Répartissez les légumes dans 4 assiettes, disposez la viande par-dessus. Arrosez de la vinaigrette.

L'astuce magique

Pour découper des tranches parfaites, placez la viande 45 minutes au congélateur avant de la trancher.

Au moment de servir, parsemez de graines de sésame.

Calamars à la menthe

Ventre plat

Pour 4 personnes
Préparation : 5 minutes
Cuisson : 5 minutes

Ingrédients : 800 g de calamars surgelés ; 2 gousses d'ail ; 1 bouquet de menthe ; 2 c. à s. d'huile d'olive ; poivre.

- Mélangez dans un bol l'ail pressé, la menthe ciselée, l'huile et du poivre.
- Saisissez les calamars 2 minutes dans une poêle anti-adhésive bien chaude, versez la sauce à la menthe et poursuivez la cuisson à feu vif pendant 3 minutes.

☆ L'astuce magique

Servis au sortir de la poêle avec un quartier de citron, c'est un délice, mais s'il vous en reste, ils seront tout aussi appréciés froids, à l'apéro.

DORADE 4 PARFUMS EN PAPILLOTE VÉGÉTALE

Drainante, tonus

Pour 4 personnes
Préparation : 10 minutes
Cuisson : 10 minutes

Ingrédients : 4 filets de dorade ; 2 tiges de citronnelle ; 1 petit bouquet de basilic ; 2 gousses d'ail ; 2 citrons verts bio ; 1 feuille de bananier.

- Préchauffez le four à 240 °C (th. 8).
- Éliminez la partie verte des tiges de citronnelle, mixez les blancs avec le basilic effeuillé, l'ail pelé, le jus et le zeste râpé de 1 citron.
- Découpez la feuille de bananier en 4 rectangles. Déposez sur chacun un filet de poisson, versez la sauce par-dessus et 2 tranches fines de citron.
- Pliez la feuille en 3 et maintenez-la fermée à l'aide d'une pique en bois.
- Enfournez pour 10 minutes.

☆ L'astuce magique

Vous pouvez servir ce plat accompagné d'un riz créole parfumé avec des petits dés de mangue, ou une purée de patates douces.

Direction les épiceries asiatiques pour trouver des feuilles de bananier : si vous avez du mal à les plier, passez-les vite fait sur une flamme pour les assouplir. Attention, ça ne se mange pas !

Le chou, la blette et le petit lapin (fable détox)

Antikilos, diurétique

Pour 4 personnes
Préparation : 10 minutes
Cuisson : 30 minutes

Ingrédients : 4 cuisses de lapin ; 4 feuilles de chou ; 2 côtes de blette ; 1 c. à s. de moutarde ; 8 feuilles de sauge ; poivre.

- Préchauffez le four à 210 °C (th. 7).
- Jetez les feuilles de chou 3 minutes dans de l'eau bouillante, rincez-les sous l'eau fraîche puis séchez-les.
- Enduisez le lapin de moutarde. Découpez 4 rectangles de papier sulfurisé. Déposez une feuille de chou dans chacun puis posez une cuisse de lapin. Ajoutez ½ côte de blette détaillée en lamelles, 2 feuilles de sauge et du poivre dans chaque papillote et fermez en maintenant la feuille avec une pique en bois.
- Enfournez pour 25 minutes.

Moralité

La cuisson en papillote est parfaite pour notre opération détox : facile, sans gras et… sans vaisselle !

Poulet au chou pommé

Vitalité, anti-brûlures d'estomac

Pour 4 personnes
Préparation : 15 minutes
Cuisson : 55 minutes

Ingrédients : 1 poulet découpé en morceaux ; 1 petit chou vert ; 4 pommes acidulées ; 1 oignon ; 1 c. à s. d'huile d'olive ; sel, poivre.

- Dans une cocotte, versez l'huile et faites-y revenir le poulet à feu vif pendant 5 minutes en remuant souvent. Ajoutez l'oignon émincé et laissez fondre 5 minutes.
- Incorporez le chou coupé en lanières et poursuivez la cuisson 10 minutes en remuant sans cesse.
- Salez, poivrez, baissez le feu, couvrez et laissez mijoter 20 minutes.
- Pelez les pommes, ôtez leur cœur et détaillez-les en quartiers.
- Posez-les sur la préparation et poursuivez la cuisson 15 minutes, jusqu'à ce que les fruits soient bien tendres.

☆ L'astuce magique

Vous pouvez remplacer le chou vert par des choux de Bruxelles.

Trésors de dinde tendre

Digestion facile

Pour 4 personnes
Préparation : 10 minutes
Cuisson : 20 minutes

Ingrédients : 4 blancs de dinde ; 4 grandes feuilles de chou ; 1 petit bouquet d'estragon ; 1 citron ; poivre.

- Jetez les feuilles de chou 3 minutes dans de l'eau bouillante, rincez-les sous l'eau fraîche puis séchez-les.
- Déposez sur chacune un blanc de dinde, du poivre, quelques feuilles d'estragon et un filet de jus de citron.
- Fermez les papillotes en les attachant avec un fil de cuisine. Déposez-les dans le panier du cuit vapeur et laissez cuire pendant 15 minutes.

☆ L'astuce magique

Il fait trop lourd pour manger chaud ? Qu'à cela ne tienne : détaillez les blancs de dinde, ajoutez une belle poignée de roquette, 3 tomates coupées en dés, 2 c. à s. de vinaigre balsamique et 1 filet d'huile d'olive.

Mes meilleurs seconds rôles

Compotée de choux

Antioxydante, drainante

Pour 4 personnes
Préparation : 10 minutes
Cuisson : 45 minutes

Ingrédients : 1 chou vert frisé ; 1 gousse d'ail ; 1 citron vert ; 1 citron jaune ; 1 c. à s. d'huile d'olive ; poivre.

- Plongez le chou dans un grand faitout d'eau bouillante salée pendant 5 minutes. Passez-le sous l'eau fraîche et laissez-le égoutter. Détaillez-le en grosses lamelles.
- Versez l'huile dans une cocotte. Ajoutez le chou, l'ail haché, le zeste râpé du citron vert, le jus des deux citrons, du poivre et 1 verre d'eau chaude. Couvrez et laissez cuire pendant 40 minutes.

✯ L'astuce magique

Servez avec un poisson blanc cuit à la vapeur.

Fenouil caramélisé

Antiballonnements, spécial femmes, ventre plat

Pour 4 personnes
Préparation : 5 minutes
Cuisson : 25 minutes

Ingrédients : 4 bulbes de fenouil ; 1 c. à s. de miel ; 1 c. à c. de cannelle ; 2 c. à s. d'huile d'olive ; sel, poivre.

- Ôtez les feuilles extérieures des fenouils puis détaillez les bulbes en morceaux. Mettez-les dans une casserole avec le miel, la cannelle, l'huile, du sel et du poivre.
- Ajoutez 25 cl d'eau et portez à ébullition. Baissez le feu et poursuivez la cuisson à frémissements pendant 25 minutes.

☆ L'astuce magique

La petite pointe anisée qui perce la saveur suave de la cannelle s'entend à merveille avec un poisson grillé.

RATAPOMME

Régime méditerranéen

Pour 4 personnes
Préparation : 10 minutes
Cuisson : 15 minutes

Ingrédients : 4 aubergines ; ½ céleri-rave ; 2 pommes ; 250 g de coulis de tomate ; 2 c. à s. d'huile d'olive ; 4 gousses d'ail ; sel, poivre.

- Lavez et pelez les aubergines, le céleri et les pommes, puis coupez-les en gros cubes.
- Déposez-les dans le panier du cuit-vapeur et laissez-les cuire pendant 15 minutes.
- Transvasez-les dans un saladier. Versez par-dessus le coulis de tomate, l'huile, l'ail haché, salez, poivrez et mélangez.

☆ L'astuce magique

Une ratatouille express facile à marier avec les viandes blanches, les poissons, des œufs…

Parsemez de basilic ciselé au moment de servir.

POTÉE DE LÉGUMES ANTIGONFLETTE

Amie de la peau

Pour 4 personnes
Préparation : 15 minutes
Cuisson : 40 minutes

Ingrédients : 500 g de potiron ; 3 courgettes ; 3 tomates, 1 petit brocoli ; 2 gousses d'ail ; 1 oignon ; 1 c. à s. d'huile d'olive ; 1 c. à s. de « curcuma détox » (voir recette p. 201).

- Épluchez les légumes et détaillez le potiron, les tomates et les courgettes en morceaux.
- Faites revenir l'oignon émincé et l'ail haché dans une cocotte avec l'huile. Ajoutez le « curcuma détox » et laissez cuire pendant 2 minutes en remuant. Incorporez le potiron, les courgettes et les tomates. Versez un verre d'eau, couvrez et laissez cuire à feu doux pendant 30 minutes. Ajoutez le brocoli détaché en fleurettes et poursuivez la cuisson 5 minutes à découvert.

✯ L'astuce magique

Au moment de servir, déposez un œuf bio poché dans chaque assiette et parsemez de coriandre fraîche ciselée.

Le potiron, et les courges en général (potimarron, pâtisson...), a ceci de magique : constitué de 90 % d'eau, il est l'un des légumes les moins caloriques tout en rassasiant.

ARTICHAUTS CHAUDS

Bons pour le foie,
bons pour la flore intestinale

Pour 4 personnes
Préparation : 10 minutes
Cuisson : 45 minutes

Ingrédients : 8 fonds d'artichauts surgelés ; 2 citrons bio ; 2 c. à s. d'huile d'olive ; 2 c. à c. de « curcuma détox » (voir p. 201).

- Décongelez les fonds d'artichauts, coupez-les en 4. Détaillez les citrons en petits cubes. Mettez le tout dans une casserole avec le curcuma détox, l'huile et 2 verres d'eau.
- Laissez cuire à feu doux pendant 45 minutes.

L'astuce magique

Vous pouvez bien sûr utiliser des artichauts frais. Prévoyez alors 20 minutes de cuisson.

LÉGUMES GRILLÉS PALPÉS ROULÉS

Minceur, tonus

Pour 4 personnes
Préparation : 10 minutes
Cuisson : 15 minutes

Ingrédients : 3 courgettes ; 1 aubergine ; 1 gousse d'ail ; 1 petit bouquet de basilic ; sel, poivre.

- Taillez les courgettes et l'aubergine en tranches de ½ cm, dans le sens de la longueur.
- Posez-les dans une poêle antiadhésive et laissez-les cuire pendant 15 minutes en les retournant à mi-cuisson. Salez légèrement, poivrez.
- Déposez une feuille de basilic sur chaque tranche, roulez-les et maintenez-les à l'aide d'une pique en bois.

✫ L'astuce magique

Un vrai joker, ces petits rouleaux ! Ils accompagnent viandes blanches, côtes d'agneau, œufs brouillés, jambon… Et peuvent même sauver un apéro : ajoutez un petit cube de fromage frais dans chaque avant de les rouler.

Miel d'endives à l'orange

Antioxydant, reminéralisant

Pour 4 personnes
Préparation : 10 minutes
Cuisson : 35 minutes

Ingrédients : 8 endives ; 2 oranges bio ; 1 cm de gingembre ; 1 c. à c. de « curcuma détox » (voir recette p. 201).

- Coupez les endives en deux dans leur longueur. Déposez-les dans le panier du cuit-vapeur et laissez-les cuire 10 minutes.
- Posez les endives égouttées dans une poêle anti-adhésive chaude, ajoutez le jus des oranges et le gingembre râpé. Laissez cuire pendant 20 minutes à feu doux.
- Parsemez les endives du zeste râpé de ½ orange, saupoudrez de « curcuma détox » et poursuivez la cuisson 5 minutes.

L'astuce magique

Pour adoucir l'amertume qui lui vaut un désamour général des enfants et de certains adultes, coupez sur 2 cm de hauteur le petit cône situé à la base de l'endive.

Quinoa petit poids

Rassasiant, sans gluten

Pour 4 personnes
Préparation : 10 minutes
Cuisson : 15 minutes

Ingrédients : 200 g de quinoa ; 200 g de petits pois en conserve ; 8 tomates séchées ; 16 olives noires dénoyautées ; 1 bouquet de basilic ; poivre.

- Faites cuire le quinoa selon les instructions du paquet.
- Ajoutez les petits pois égouttés, les tomates séchées, les olives et le basilic ciselé.
- Poursuivez la cuisson 2 minutes en remuant. Poivrez.

☆ L'astuce magique

On a beau connaître ses super qualités nutritives, la seule vue du quinoa cuisiné ne fait pas saliver : présentez-le dans des courgettes rondes (cuites 10 minutes à la vapeur), façon petits farcis.

Rates au court-bouillon d'amande

Énergie longue durée, no stress

Pour 4 personnes
Préparation : 15 minutes
Cuisson : 35 minutes

Ingrédients : 8 pommes de terre rates ; 2 carottes ; 1 oignon ; 2 tomates ; 1 c. à s. de curry ; 40 cl de lait d'amande ; 1 c. à s. d'huile d'olive ; poivre.

- Versez l'huile dans une cocotte, faites-y fondre l'oignon émincé. Ajoutez les tomates pelées et épépinées, le lait d'amande et le curry. Laissez cuire à feu doux pendant 15 minutes.
- Incorporez les pommes de terre et les carottes pelées et coupées en dés, poursuivez la cuisson 20 minutes. Poivrez et servez bien chaud.

☆ L'astuce magique

Vous pouvez ajouter des navets coupés en dés en même temps que les pommes de terre, et des fleurettes de brocoli 10 minutes après.

Riz sauvage dompté aux petits légumes

Antiacidité, anti-coup de pompe

Pour 4 personnes
Préparation : 15 minutes
Cuisson : 30 minutes
Infusion 5 minutes

Ingrédients : 2 courgettes ; 8 champignons de Paris ; 200 g de riz sauvage ; 2 sachets de bouillon de légumes ; 2 cm de gingembre ; 1 c. à s. d'huile d'olive ; coriandre ; sel, poivre.

- Versez l'huile dans une sauteuse et faites-y revenir les champignons et les courgettes détaillés en fines tranches. Laissez cuire 10 minutes puis incorporez le riz cru. Poursuivez la cuisson pendant 5 minutes.
- Faites infuser les sachets de bouillon dans 1 litre d'eau pendant 5 minutes et versez-le dans la sauteuse. Ajoutez le gingembre pelé et râpé, du sel et du poivre.
- Poursuivez la cuisson à feu doux pendant 15 minutes.
- Servez parsemé de coriandre ciselée.

→

☆ L'astuce magique

On en rêvait, la sphère bio l'a fait : des sachets de bouillon de légumes à infuser tous azimuts. 5 minutes dans l'eau (froide ou chaude), et légumes du potager, bouquet garni et épices exhalent leur goût et leurs effluves (moins de 5 euros la boîte de 20 sachets). Tout aussi pratiques, les galets de court-bouillon surgelés portionnables : 5 galets pour 1 litre d'eau, c'est prêt !

Des racines et du zèle

Bonnes pour le transit, anti-âge, équilibre acido-basique

Pour 4 personnes
Préparation : 15 minutes
Cuisson : 45 minutes

Ingrédients : 2 carottes ; 2 betteraves crues ; 4 navets ; 6 gousses d'ail ; thym ; laurier ; 2 c. à s. d'huile d'olive ; sel, poivre.

- Préchauffez le four à 180 °C (th. 6).
- Pelez et détaillez tous les légumes en bâtonnets. Laissez les gousses d'ail entières, non pelées.
- Huilez la lèchefrite et répartissez-y les légumes. Salez et poivrez. Ajoutez le thym et le laurier.
- Enfournez pour 45 minutes en remuant de temps en temps.

☆ L'astuce magique

Vous pouvez ajouter 1 aubergine, 2 courgettes et 1 poivron rouge coupés en bâtonnets.

Procurez-vous cet ustensile magique : l'épluche-légumes spécial julienne ! Une extrémité pour éplucher, l'autre pour débiter les légumes en bâtonnets, un prix tout doux (moins de 10 euros) et un gain de temps appréciable.

TOFU SOYEUX DANS UN GANT DE FER

Antioxydant, spécial femmes

Pour 4 personnes
Préparation : 5 minutes
Cuisson : 7 minutes

Ingrédients : 600 g de pousses d'épinards ; 250 g de tofu ; 2 gousses d'ail ; 2 cm de gingembre ; 1 c. à s. d'huile d'olive ; sel, poivre.

- Versez l'huile dans une sauteuse et faites-y revenir l'ail et le gingembre hachés pendant 3 minutes à feu vif.
- Ajoutez les épinards et le tofu coupé en dés. Poursuivez la cuisson pendant 4 minutes en remuant. Salez et poivrez.

☆ L'astuce magique

Servez avec un riz complet basmati pour un repas végétarien.

NIDS DE COURGETTES À L'AIL

Minceur, drainants

Pour 4 personnes
Préparation : 10 minutes
Cuisson : 5 minutes

Ingrédients : 8 petites courgettes ; 1 gousse d'ail ; 1 c. à s. d'huile d'olive ; 1 bouquet de basilic ; sel, poivre.

- Détaillez les courgettes en fines bandes à l'aide d'un économe.
- Chauffez l'huile dans une sauteuse, ajoutez l'ail pressé et les courgettes, laissez cuire 5 minutes à feu vif en remuant souvent. Salez et poivrez.
- Servez parsemé de basilic ciselé.

☆ L'astuce magique

Nichez 4 œufs bio pochés au creux de ce nid savoureux ou servez avec du poisson en papillote ou une viande blanche.

SALADE DE PÂTES DU JARDIN

Énergie longue durée,
anti-rétention d'eau

Pour 4 personnes
Préparation : 10 minutes
Cuisson : 20 minutes

Ingrédients : 300 g de penne complets ; 300 g d'asperges vertes ; 12 tomates-cerises ; 2 c. à s. d'huile d'olive ; 1 c. à s. de vinaigre balsamique ; sel, poivre.

- Plongez les pâtes dans une grande quantité d'eau bouillante salée faites-les cuire selon les instructions de l'emballage. Égouttez-les et arrosez-les d'un filet d'huile d'olive.
- Faites cuire les asperges 7 minutes au cuit-vapeur. Taillez-les en tronçons.
- Coupez les tomates-cerises en 2.
- Mélangez tous les ingrédients avec l'huile, le vinaigre et du poivre.

☆ L'astuce magique

Vous pouvez consommer cette salade tiède ou froide. Servez-la parsemée de basilic ciselé.

Assaisonnements détox

Curcuma détox

5 c. à s. de curcuma ; 5 c. à c. de poivre ; 5 c. à c. de sel.

> **★ L'astuce magique**
> Réflexe détox garanti : versez le mélange dans une salière qui trônera sur la table à chaque repas.

Vinaigrette détox

1 c. à s. d'huile d'olive ; 1 c. à s. d'huile de colza ; 1 c. à s. de jus de citron ; 1 c. à c. de moutarde.

> **★ L'astuce magique**
> Pour une vinaigrette plus douce, remplacez le jus de citron par du jus d'orange.

→

Marinades détox

✓ Au curry

1 yaourt ; le jus de 1 citron ; 1 gousse d'ail pressée ; 1 c. à c. de curry.

✓ Au paprika

1 yaourt ; 1 gousse d'ail pressée ; 1 cm de gingembre pelé et râpé ; 1 c. à c. de paprika ; sel, poivre.

✓ Au curcuma

1 yaourt ; 1 gousse d'ail pressée ; le jus de 1 citron ; 1 oignon émincé ; 1 c. à c. de « curcuma détox » (voir p. 201).

✓ À la sauce soja

1 c. à s. de sauce soja ; 1 c. à s. d'huile de sésame ; 1 c. à s. d'eau ; 1 cm de gingembre frais râpé ; poivre.

✓ Au piment

Le jus de 1 citron ; 1 c. à c. de piment doux en poudre ; 1 gousse d'ail ; 1 c. à c. de basilic émincé.

Mes petits desserts pour fondre… de plaisir

GELÉE DE JASMIN FRUITHÉE

Rassasiante, drainante, vitaminée

Pour 4 personnes
Préparation : 15 minutes
Cuisson : 1 minute
Infusion : 4 minutes
Réfrigération : 2 heures

Ingrédients : 2 c. à s. de thé au jasmin ; 2 g d'agar-agar ; 1 mangue ; 2 pêches ; 8 fraises.

- Versez 50 cl d'eau frémissante sur le thé, couvrez, laissez infuser pendant 4 minutes, puis filtrez.
- Portez le thé à ébullition et versez-y l'agar-agar, puis maintenez l'ébullition 1 minute en tournant sans arrêt.
- Épluchez tous les fruits et détaillez-les en dés. Répartissez-les dans 4 verrines.
- Versez le thé sur les fruits, laissez tiédir et placez au réfrigérateur pendant 2 heures.

L'astuce magique

L'agar-agar est magique à lui tout seul : une fois cuit pendant 1 minute puis passé au frigo 2 heures minimum, il se gélifie ; vos fruits semblent alors suspendus dans cette gelée translucide... Un régal pour les yeux, pour la santé et un grand pouvoir rassasiant pour seulement 3 calories/gramme. Nos amis Japonais, esthètes parmi les esthètes, l'utilisent depuis la nuit des temps.

Clémentines détox

Antioxydantes, anti-âge

Pour 4 personnes
Préparation : 5 minutes
Cuisson : 5 minutes
Infusion : 8 heures

Ingrédients : 60 cl de notre thé détox (voir p. 102) ; 8 clémentines ; 2 c. à s. d'eau de fleur d'oranger ; 100 g de cranberries séchées.

- Pelez les clémentines et séparez les segments. Mettez-les dans une casserole avec les cranberries rincées et recouvrez-les du thé détox.
- Chauffez à feu doux pendant 5 minutes. Ajoutez l'eau de fleur d'oranger et servez.

L'astuce magique

Quand la saison des clémentines est terminée (de mars à octobre), jetez votre dévolu sur 4 oranges.

MON GRANITÉ DÉTOX AU CITRON

Super-vitaminé

Pour 4 personnes
Préparation : 15 minutes
Congélation : 3 heures
Infusion : 8 heures

Ingrédients : 60 cl de notre thé détox (voir p. 102) ; 4 citrons bio.

- Ôtez le chapeau des citrons, évidez-les soigneusement en prenant soin de bien retirer les peaux blanches amères. Placez les écorces de citron au congélateur.
- Préparez un thé détox. Ajoutez-y la chair des citrons mixée puis versez la préparation dans un plat large et peu profond. Placez au congélateur pour 3 heures en grattant à la fourchette toutes les heures.
- Quand le granité est pris, répartissez-le dans les écorces des citrons, reposez le chapeau par-dessus et conservez-les au congélateur. Sortez-les 5 minutes avant de les consommer.

✯ L'astuce magique

On peut déguster ce sorbet avec des arômes originaux, en ajoutant, par exemple, un bouquet de basilic haché à la chair des citrons, ou (spécial Halloween, à cause de la couleur violette surprenante) 8 g de lavande (qu'on fait alors infuser 3 minutes, pas plus, dans le thé bouillant et qu'on enlève avant d'ajouter les citrons).

Gaspacho de fraises

Super-minceur, top anti-âge

Pour 4 personnes
Préparation : 5 minutes

Ingrédients : 400 g de fraises ; 2 citrons ; 1 petit bouquet de menthe.

- Mixez les fraises équeutées avec le jus des citrons jusqu'à obtention d'une consistance homogène.
- Répartissez dans 4 coupes, parsemez de menthe fraîche ciselée et dégustez bien frais.

☆ L'astuce magique

Vos convives sont venus avec un sorbet citron, menthe... pour le dessert ? Hop ! transformez cette soupe de fraises en coulis.

PAPILLOTES DE NOËL NO TOXINES

Top antioxydantes

Pour 4 personnes
Préparation : 10 minutes
Cuisson : 10 minutes

Ingrédients : 1 mangue bien mûre ; 4 clémentines ; 1 petite boîte de litchis ; 4 c. à c. de miel.

- Préchauffez le four à 180 °C (th. 6).
- Pelez la mangue, détaillez-la en dés.
- Épluchez les clémentines, séparez les quartiers.
- Répartissez les fruits dans 4 carrés de papier sulfurisé. Versez 1 c. à c. de miel dans chaque papillote et refermez-les.
- Enfournez pour 10 minutes.

L'astuce magique

Une pincée de cannelle saupoudrée avant de fermer les papillotes et c'est toute la magie de Noël qui vous saute aux papilles !

GRENADE ANTIPOISON

Dépolluante, protège les os

Pour 4 personnes
Préparation : 15 minutes
Cuisson : 20 minutes
Réfrigération : 2 heures

Ingrédients : 4 poires ; 1 grenade ; 2 oranges ; 2 c. à s. de sirop d'agave ; 1 c. à c. d'agar-agar.

- Pelez les poires, ôtez les pépins et le cœur, détaillez-les en dés et faites-les cuire avec le jus des oranges et le sirop d'agave pendant 20 minutes à feu doux.
- Pendant ce temps égrenez la grenade.
- Retirez les poires, incorporez l'agar-agar au jus et portez à ébullition. Poursuivez la cuisson 1 minute sans cesser de remuer.
- Répartissez les poires et la grenade dans 4 coupes, ajoutez la préparation à l'agar-agar et placez au réfrigérateur pour 2 heures.

☆ L'astuce magique

Faites prendre ces poires en gelée dans des petits moules en forme de fruit ou de fleur et servez-les avec quelques feuilles de menthe fraîche.

Bouquet de fruits à la verveine

Antistress, taille fine

Pour 4 personnes
Préparation : 15 minutes
Cuisson : 1 minute
Infusion : 10 minutes
Réfrigération : 2 heures

Ingrédients : 1 pamplemousse rose ; 2 pêches blanches ; 200 g de framboises ; 20 cl de jus de grenade ; 1 c. à s. de verveine officinale.

- Versez 30 cl d'eau dans une casserole, jetez-y la verveine et laissez infuser 10 minutes. Faites bouillir et poursuivez l'ébullition 10 secondes. Filtrez. Laissez refroidir puis mélangez avec le jus de grenade.
- Épluchez les pêches et détaillez-les en petits cubes.
- Pelez à vif le pamplemousse, détachez les segments et coupez-les en 3.
- Répartissez les pêches, le pamplemousse et les framboises dans 4 grands verres. Versez l'infusion pardessus et réfrigérez pendant 2 heures.

L'astuce magique

Coulée dans un moule à glaçons rigolos (cœurs, pommes, etc.), cette soupe de fruits donnera des bonbons à fondre de plaisir (et fondre tout court)…

PURE SALADE D'ORANGES MENTHOLÉE

Tonus, antioxydante

Pour 4 personnes
Préparation : 15 minutes
Cuisson : 5 minutes
Infusion : 10 minutes
Réfrigération : 2 heures

Ingrédients : 7 oranges ; 1 petit bouquet de menthe fraîche ; 2 g d'agar-agar ; 3 c. à s. d'eau de fleur d'oranger.

- Pressez 3 oranges, faites chauffer leur jus 3 minutes dans une petite casserole avec une vingtaine de feuilles de menthe ciselées. Laissez infuser 10 minutes hors du feu puis filtrez.
- Reversez le tiers du liquide dans la casserole, ajoutez l'agar-agar, portez à ébullition puis baissez le feu. Faites cuire 1 minute sans cesser de remuer puis versez dans un plat rectangulaire sur une épaisseur de 0,5 cm. Laissez prendre au moins 2 heures au réfrigérateur.
- Pendant ce temps, pelez les 4 oranges restantes à vif, ôtez leurs membranes blanches puis détaillez-les en fines tranches. Déposez-les dans un plat, arrosez du jus à la menthe et de l'eau de fleur d'oranger. Placez au réfrigérateur pendant 1 h 30.
- Quand la gelée d'orange est prise, coupez-la en petits cubes et ajoutez-les dans la salade.

→

- Mélangez délicatement et déposez quelques feuilles de menthe par-dessus.

☆ L'astuce magique

Les Chinois n'hésitent pas à jongler avec les couleurs flashys dans leurs desserts : si vous êtes tenté (mais pas au point d'acheter de l'agar-agar bleu ou rouge, que l'on trouve dans les épiceries asiatiques !), remplacez les 3 premières oranges par 3 kiwis : vos petits cubes de gelée seront plus contrastés et plus goûtus.

FLAMBY VANILLE-ORANGE

Rassasiant, tonus

Pour 4 personnes
Préparation : 10 minutes
Cuisson : 3 minutes
Réfrigération : 2 heures

Ingrédients : 6 oranges ; 2 g d'agar-agar ; 1 c. à c. de cannelle ; 2 c. à s. de sirop d'agave ; 1 gousse de vanille.

- Pelez 2 oranges à vif, séparez les quartiers. Pressez les 4 oranges restantes. Versez le jus dans une casserole avec l'agar-agar, le sirop d'agave, la cannelle et la vanille fendue dans la longueur. Portez à ébullition, baissez le feu et poursuivez la cuisson à frémissements pendant 1 minute sans cesser de remuer.
- Répartissez les quartiers d'oranges dans 4 verrines, puis remplissez-les de la préparation au jus d'orange après avoir ôté la gousse de vanille.
- Placez au réfrigérateur pendant 2 heures minimum et servez les aspics démoulés sur les assiettes.

☆ L'astuce magique

Vous êtes plus « vanille-fraise » que « vanille-orange » ? Remplacez les quartiers d'orange par 300 grammes de fraises.

Kiwis marinés à la fleur d'oranger

Reminéralisants, antioxydants

Pour 4 personnes
Préparation : 5 minutes
Réfrigération : 1 heure

Ingrédients : 6 kiwis ; 4 c. à c. d'eau de fleur d'oranger ; 2 c. à c. de sirop d'érable.

- Pelez les kiwis et détaillez-les en tranches fines. Disposez-les sur un plat.
- Dans un bol, mélangez l'eau de fleur d'oranger avec le sirop d'érable. Arrosez-en les kiwis. Couvrez le plat et placez au réfrigérateur pendant 1 heure.

☆ L'astuce magique

Jouez la carte de l'évasion : parsemez cette salade de quelques feuilles de coriandre ciselée.

COMPOTE DE RHUBARBE MENTHOLÉE

Anticholestérol, brûle-graisses

Pour 4 personnes
Préparation : 10 minutes
Cuisson : 25 minutes
Repos : 1 heure

Ingrédients : 500 g de rhubarbe ; 3 pommes Canada ; 3 c. à s. de miel ; 4 branches de menthe ; 1 gousse de vanille.

- Épluchez la rhubarbe et coupez-la en tronçons. Mettez-les dans une casserole avec le miel, la gousse de vanille fendue et la menthe effeuillée. Laissez macérer 1 heure.
- Ajoutez les pommes pelées et coupées en morceaux, ½ verre d'eau et faites cuire pendant 25 minutes en remuant de temps en temps. Dégustez tiède ou bien frais.

☆ L'astuce magique

Vous pouvez remplacer la menthe par des graines de cardamome pilées, de la cannelle, du gingembre, des zestes de citron…

Compotée à l'étoile du verger

Belle peau, bonne pour le cœur

Pour 4 personnes
Préparation : 5 minutes
Cuisson : 20 minutes

Ingrédients : 1 kg d'abricots bien mûrs ; 1 citron bio ; 2 c. à s. de sirop d'agave ; 2 étoiles de badiane.

- Ouvrez les abricots, ôtez les noyaux. Mettez-les dans une casserole avec le jus du citron, le zeste râpé, le sirop d'agave et les étoiles de badiane.
- Couvrez et laissez mijoter 20 minutes en remuant de temps en temps.

☆ L'astuce magique

Une cuillerée de cette compotée dans un yaourt bifidus au petit déjeuner, c'est la moitié de vos besoins de la journée en carotènes, et un sérieux coup de pouce pour chasser les toxines.

DES POMMES, DES POIRES ET DES CACHOUS

Confort gastrique

Pour 4 personnes
Préparation : 15 minutes
Cuisson : 20 minutes

Ingrédients : 2 pommes ; 2 poires bien mûres ; 2 pêches blanches ; 1 citron ; 1 c. à c. de poudre de réglisse ; 4 c. à s. de miel.

- Pelez les poires et les pommes, ôtez leur cœur.
- Épluchez et dénoyautez les pêches.
- Coupez tous les fruits en quartiers et posez-les dans un plat à four.
- Dans une petite casserole, chauffez le miel avec la réglisse et le jus du citron pendant 5 minutes. Mélangez bien.
- Versez le sirop sur le plat et enfournez à four déjà chaud (180 °C, th. 6) pour 15 minutes. Arrosez les fruits de leur jus de temps en temps en cours de cuisson.

✮ L'astuce magique

À déguster tiède, avec quelques feuilles de menthe fraîche pour le choc des saveurs.

POMME DOPÉE AU GINGEMBRE

Antifringale, anticonstipation

Pour 4 personnes
Préparation : 10 minutes
Cuisson : 30 minutes

Ingrédients : 4 pommes ; 1 orange ; 2 cm de gingembre frais ; 1 citron.

- Lavez les pommes. Ôtez leur cœur à l'aide d'un vide-pomme sans percer le fond des fruits.
- Posez-les dans un plat à four.
- Pelez l'orange à vif et coupez-la en dés.
- Comblez le trou des pommes avec le gingembre râpé, l'orange et le jus du citron.
- Ajoutez 3 c. à s. d'eau dans le fond du plat et enfournez à four déjà chaud (180 °C, th. 6) pour 30 minutes. Servez tiède.

☆ L'astuce magique

Avis aux amateurs de sucré-salé : ces pommes au four « world » peuvent accompagner une viande blanche, comme un chutney.

COMPOTÉE DE POMME AU MATCHA

Super-antioxydante

Pour 4 personnes
Préparation : 10 minutes
Cuisson : 10 minutes

Ingrédients : 4 goldens ; 2 citrons ; 2 c. à c. de thé matcha ; 2 c. à s. de miel.

- Pelez les pommes, ôtez leur cœur et détaillez-les en dés.
- Mettez-les dans une casserole avec le jus des citrons, saupoudrez du thé matcha et laissez cuire pendant 10 minutes en remuant de temps en temps.
- Versez le miel sur les pommes chaudes et remuez.
- Servez tiède.

☆ L'astuce magique

Le matcha est la poudre de thé vert utilisée par les Japonais lors de leur cérémonie du thé. Il est extraordinairement protecteur… mais il coûte cher et on n'en trouve pas partout ! Faites-le vous-même : à l'aide d'un mortier et d'un pilon, réduisez du thé vert en poudre la plus fine possible, puis passez-la à travers un chinois (passoire très fine).

Soupe de cerises gnangnan (à l'eau de rose)

Confort articulaire

Pour 4 personnes
Préparation : 5 minutes

Ingrédients : 400 g de cerises dénoyautées ; 4 c. à s. de sirop d'agave ; 2 c. à s. d'eau de rose.

- Versez tous les ingrédients dans le blender et mixez jusqu'à obtenir une consistance onctueuse.
- Placez au frais jusqu'au moment de servir.

L'astuce magique

Parsemez d'amandes effilées, ça crunche délicieusement sous la dent.

CERISES ET ROSE

Confort articulaire

Pour 4 personnes
Préparation : 5 minutes
Cuisson : 10 minutes

Ingrédients : 400 g de cerises dénoyautées ; 4 c. à s. de sirop d'agave ; 2 c. à s. d'eau de rose ; 2 c. à s. d'amandes effilées.

- Chauffez le sirop d'agave dans une sauteuse, ajoutez les amandes et laissez-les dorer. Incorporez les cerises et poursuivez la cuisson pendant 5 minutes à feu vif en remuant sans cesse.
- Versez l'eau de rose et laissez réduire 2 minutes.

☆ L'astuce magique

Pour finir de déboussoler (agréablement) vos papilles, servez avec un sorbet citron.

PETITS FLANS CHOCOMIEL

Antistress

Pour 4 personnes
Préparation : 5 minutes
Cuisson : 2 minutes
Réfrigération : 2 heures

Ingrédients : 60 cl de lait d'amande ; 2 g d'agar-agar ; 2 c. à s. de cacao maigre ; 2 c. à s. de miel.

- Délayez le cacao dans un peu de lait froid. Faites chauffer le reste dans une casserole. Ajoutez le miel, le cacao puis l'agar-agar et mélangez. Portez à ébullition, baissez le feu et laissez frémir 1 minute en remuant sans arrêt.
- Répartissez la préparation dans 4 ramequins. Laissez refroidir puis placez au réfrigérateur pour 2 heures au moins.

L'astuce magique

Vous pouvez remplacer le lait d'amande par du lait de soja.

POMMES MIROIR, MON BEAU MIROIR

Antikilos, transit facile

Pour 4 personnes
Préparation : 10 minutes
Cuisson : 11 minutes
Réfrigération : 2 heures

Ingrédients : 600 g de pommes ; 4 g d'agar-agar ; 6 oranges ; 2 c. à s de sirop d'érable.

- Pelez les pommes, ôtez leur cœur et détaillez-les en cubes. Mettez-les à cuire à feu doux dans une casserole avec ½ verre d'eau pendant 10 minutes.
- Pressez les oranges et mixez-les avec les pommes cuites et le sirop d'érable.
- Transvasez la préparation dans une casserole, ajoutez l'agar-agar, portez à ébullition puis baissez le feu et faites cuire 1 minute en remuant sans arrêt.
- Versez dans un moule et placez 2 heures au réfrigérateur.

☆ L'astuce magique

Vous pouvez remplacer les pommes par n'importe quel fruit : poire, abricot, mangue…

Mes recettes radicales détox

Radicale carotte

✓ **En jus**
Pelez 4 carottes bio, passez-les à la centrifugeuse et buvez immédiatement.

✓ **Râpée**
Pelez 4 carottes bio, râpez-les et arrosez-les du jus de 1 citron ou de ½ orange.

✓ **En purée**
Pelez 4 carottes bio, faites-les cuire à la vapeur pendant 20 minutes. Mixez-les avec 1 c. à c. de « curcuma détox » (voir p. 201).

Radicale fraise

✓ **En jus**
Mixez 200 g de fraises rincées et équeutées avec 20 cl d'eau de source. Buvez aussitôt avec des glaçons.

✓ **En soupe**
Lavez et équeutez 200 g de fraises, mixez-les avec 1 c. à s. de jus de citron et parsemez de menthe ciselée.

✓ **En compote**
Lavez et équeutez 250 g de fraises, coupez-les en deux. Mettez-les dans une casserole avec ½ gousse de vanille fendue en deux et 2 c. à s. d'eau. Laissez cuire 15 minutes et consommez froid.

Radicale artichaut

✓ **En vinaigrette**

Lavez 1 artichaut, égouttez-le et plongez-le dans une casserole d'eau bouillante salée. Dès que l'eau bout, baissez le feu et couvrez. Laissez cuire 45 minutes. Égouttez l'artichaut tête en bas et consommez tiède avec une « vinaigrette détox ».

✓ **En purée**

Plongez 400 g de fonds d'artichauts surgelés dans une grande casserole d'eau salée avec le jus de ½ citron. Laissez cuire 30 minutes. Mixez avec un peu de jus de cuisson.

✓ **Cru en salade**

Coupez les tiges de 4 artichauts violets, ôtez les feuilles. Plongez les fonds dans de l'eau additionnée de 1 c. à s. de jus de citron. Égouttez-les et essuyez-les. Détaillez-les en fines lamelles, arrosez-les de jus de citron et saupoudrez-les de « curcuma détox » (voir p. 201).

Radicale radis

✓ **Radis noir en carpaccio**

À l'aide d'une mandoline, détaillez ½ radis noir pelé en fines rondelles. Arrosez-les d'un filet de citron, saupoudrez de « curcuma détox » (voir p. 201) et servez bien frais.

✓ **Radis noir en soupe**

Pelez 1 radis noir et détaillez-le en petits cubes. Recouvrez-les d'eau dans une casserole et laissez cuire à feux doux pendant 20 minutes. Versez le tout dans le blender, ajoutez 1 cm de gingembre pelé, salez et mixez jusqu'à obtenir une consistance mousseuse.

✓ **Radis roses et leurs fanes en soupe**

Nettoyez les radis, ôtez les radicelles et les feuilles jaunes. Plongez radis et fanes dans 50 cl d'eau bouillante légèrement salée et laissez cuire 20 minutes à feu doux. Mixez le tout avec un petit bouquet d'aneth. Poivrez et répartissez quelques rondelles de radis crues sur le dessus.

Radicale asperge

✓ **Crues en salade**
Émincez en très fines lamelles 12 asperges vertes. Arrosez d'un filet d'huile d'olive.

✓ **En papillote**
Déposez les asperges pelées dans une papillote en silicone, arrosez du jus de 1 citron. Enfournez à 180 °C (thermostat 6) pour 20 minutes.

✓ **Au micro-ondes**
Étalez les asperges dans un plat en Pyrex avec un fond d'eau, arrosez du jus de 1 citron, filmez et faites cuire 7 minutes à pleine puissance.

Radicale pomme

✓ **En jus**
Lavez 1 pomme bio. Passez-la dans la centrifugeuse et buvez aussitôt.

✓ **Râpée**
Pelez 1 pomme, enlevez les pépins, râpez-la, citronnez-la et saupoudrez de cannelle.

✓ **Au four express**
Lavez 1 pomme. Coupez une corolle. Ôtez le cœur à l'aide d'un vide-pomme sans percer le fond. Posez-la dans un plat allant au micro-ondes. Saupoudrez de cannelle et faites cuire 6 minutes à 600 W.

Radicale melon

✓ **En jus**

Ouvrez un melon en deux, épépinez-le et à l'aide d'une cuillère, prélevez la chair. Mettez-la dans le blender avec 1 c. à s. d'eau de fleur d'oranger et 4 glaçons. Mixez jusqu'à obtenir une consistance mousseuse.

✓ **En granité**

Ouvrez un melon en deux, épépinez-le et à l'aide d'une cuillère, prélevez la chair. Mettez-la dans le blender avec une dizaine de feuilles de basilic et le jus de 1 citron vert puis mixez jusqu'à obtenir une consistance mousseuse. Versez le mélange dans un plat large et peu profond et faites prendre 3 heures au congélateur en grattant le granité à la fourchette toutes les demi-heures.

✓ **En papillote**

Ouvrez un melon en deux, épépinez-le, détaillez-le en tranches épaisses. Posez-les dans une papillote en silicone avec 1 c. à c. de grains de lavande et enfournez à 180 °C (th. 6) pour 10 minutes.

Radicale tomate

✓ En jus

Lavez et coupez en dés 2 tomates. Mettez-les dans le blender avec 10 cl d'eau, le jus de ½ citron et 1 c. à c. de « curcuma détox » (voir p. 201). Mixez jusqu'à obtenir une consistance mousseuse.

✓ En tartare

Pelez 2 tomates, épépinez-les et détaillez-les en tout petits dés. Ajoutez une dizaine de feuilles de basilic ciselées et 1 c. à c. de « curcuma détox ». Mélangez et placez au frais dans une verrine pendant 1 heure.

✓ À la poêle

Lavez 2 tomates, ouvrez-les en deux et ôtez les pépins. Posez-les côté peau dans une poêle bien chaude et laissez cuire 15 minutes. Poivrez et parsemez de persil ciselé.

Radicale abricot

✓ **En smoothie**

Mettez dans le blender 4 abricots rincés et dénoyautés, 4 glaçons et 1 c. à s. d'eau de rose. Mixez jusqu'à ce que vous n'entendiez plus le bruit des glaçons sur les lames de l'appareil.

✓ **Au four**

Rincez et dénoyautez 6 abricots, arrosez-les du jus de ½ citron mélangé à 1 c. à s. de miel et enfournez-les pour 20 minutes.

✓ **En granité**

Rincez et dénoyautez 12 abricots, arrosez-les du jus de 1 citron mélangé à 2 c. à s. de miel et enfournez-les pour 20 minutes. Mixez et versez le coulis obtenu dans un plat large et plat. Placez au congélateur pour 3 heures en grattant la surface à la fourchette toutes les demi-heures.

Radicale cerise

✓ **En jus chaud avec de l'agar-agar**

Mixez 200 g de cerises bien mûres lavées et dénoyautées avec 50 cl d'eau. Versez le jus dans une casserole avec 2 c. à s. de miel puis chauffez tout doucement en mélangeant. Ajoutez ½ c. à c. d'agar-agar. Laissez frémir 1 minute en remuant puis buvez pendant que c'est encore bien chaud.

✓ **En compote**

Lavez, équeutez et dénoyautez 500 g de cerises. Mettez-les dans une casserole avec le jus de 1 citron et 4 c. à s. de sirop d'érable et laissez compoter pendant 30 minutes à feu doux. Servez bien frais.

✓ **En salade**

Lavez, équeutez et dénoyautez 500 g de cerises. Mettez-les dans un saladier avec le jus de 1 citron et 1 c. à s. de miel. Portez 30 cl d'eau à ébullition, hors du feu jetez-y 2 c. à s. de verveine et laissez infuser 10 minutes. Filtrez et versez le jus tiède sur les cerises. Placez 2 heures au frais.

Radicale raisin

✓ **En jus**

Lavez 500 g de raisin noir. Passez-les au moulin à légumes et filtrez.

✓ **En salade**

Faites bouillir 30 cl d'eau avec 2 c. à s. de miel et 2 cm de gingembre frais pelé et râpé pendant 10 minutes puis filtrez. Épépinez 2 grappes de raisin et recouvrez-les de l'infusion. Placez au réfrigérateur pendant 2 heures.

✓ **À la poêle**

Égrainez 1 grappe de raisin et plongez les grains dans l'eau bouillante pendant 1 minute. Pelez-les. Versez 1 c. à s. de miel dans une poêle, ajoutez les raisins et laissez caraméliser en remuant. Versez le jus de ½ citron et 1 branche de romarin effeuillée, poursuivez la cuisson 2 minutes. Servez chaud.

Radicale poireau

✓ **Cru en salade (déconseillé si système digestif sensible)**

Lavez consciencieusement 4 petits poireaux primeurs, séchez-les et émincez-les en très fines rondelles. Arrosez-les du jus de 1 citron, salez, poivrez et parsemez de basilic ciselé.

✓ **En bouillon**

Lavez consciencieusement 4 poireaux, ôtez les feuilles dures. Faites-les cuire dans 1 litre d'eau bouillante salée pendant 15 minutes. Mixez et buvez bien chaud.

✓ **En vinaigrette**

Lavez consciencieusement 4 poireaux, ôtez les feuilles dures et faites-les cuire 10 minutes à la vapeur. Servez-les tièdes avec notre « vinaigrette détox » et parsemés de persil ciselé.

Radicale chou

✓ **En jus**

Ôtez les feuilles extérieures d'¼ de chou vert. Détaillez les autres en petits morceaux et mixez-les dans le blender avec le jus de 1 orange. Buvez aussitôt.

✓ **En salade**

Ôtez les feuilles extérieures d'un chou blanc. Lavez les autres et retirez les côtes dures. Détaillez-les en fines lamelles et assaisonnez-les de notre « vinaigrette détox » (voir p. 201).

✓ **En smoothie**

Lavez et coupez en morceaux ¼ de chou blanc. Pelez 1 pomme verte, ôtez son cœur. Mettez le tout dans le blender avec le jus de 1 citron, 1 verre d'eau et 4 glaçons.

Annexes

Fruits et légumes de saison

PRINTEMPS

Légumes	Composés les plus intéressants
Artichaut	Minéraux, inuline
Asperge	Carotènes, vitamine B9, fibres, minéraux, fructosanes
Céleri branche	Potassium, calcium, sodium, fibres
Champignon de Paris	Potassium, phosphore, fibres, protéines
Chou-fleur	Vitamine C, fibres, flavonoïdes, indoles
Concombre	Minéraux, fibres

→

Courgette	Minéraux, vitamines
Épinard	Carotènes, vitamine C, minéraux
Herbes (persil, cerfeuil, estragon…)	Carotènes, fibres, potassium, magnésium, soufre
Poireau	Vitamine C, carotènes
Primeurs (carotte, navet oignon, pomme de terre, petit pois, artichaut…)	Fibres douces
Radis noir	Substances soufrées, vitamine C
Radis rose	Vitamine C, calcium, potassium, composés soufrés
Tomate	Lycopène, minéraux variés
Fruits	**Composés les plus intéressants**
Cerise	Potassium, fibres et carotènes
Fraise	Vitamine C, fibres, peu énergétique
Framboise	Fibres, vitamine C, calcium
Mangue	Carotènes, vitamines C et E, fer
Rhubarbe	Calcium, potassium, acides organiques
Et aussi : mangue, fruit de la passion, papaye…	Antioxydants (polyphénols)

Été

Légumes	Composés les plus intéressants
Artichaut	Minéraux, inuline
Aubergine	Potassium, fibres
Brocoli	Carotènes, composés soufrés, vitamine C, calcium
Champignons sylvestres	Minéraux, fibres

→

Concombre	Minéraux, fibres
Courgette	Minéraux, vitamines
Fenouil	Minéraux, vitamine C et carotènes
Haricot vert	Fibres, potassium, calcium, carotènes
Haricot à écosser	Glucides complexes, minéraux, fibres
Poivron	Vitamine C, carotènes, flavonoïdes
Tomate	Lycopène, minéraux variés
Fruits	**Composés les plus intéressants**
Abricot	Carotènes, fibres douces, minéraux
Cerise	Potassium, fibres, carotènes
Figue	Fibres, potassium, calcium, oligo-éléments
Fraise	Vitamine C, fibres
Framboise	Fibres, vitamine C, calcium
Melon	Carotènes, potassium
Nectarine	Polyphénols, carotènes, fibres
Pastèque	Minéraux et vitamines divers
Pêche	Polyphénols, carotènes, fibres
Fruits rouges (groseille, mûre, myrtille, cassis)	Vitamine C, carotènes, fibres, polyphénols
Poire	Minéraux, sucres spéciaux
Prune	Fibres, sorbitol, potassium
Raisin	Flavonoïdes, potassium, resvératrol (raisin noir), quercétine
Rhubarbe	Calcium, potassium, acides organiques

AUTOMNE

Légumes	Composés les plus intéressants
Brocoli	Carotènes, composés soufrés, vitamine C, calcium
Céleri branche	Potassium, calcium, sodium, fibres
Céleri-rave	Minéraux, oligo-éléments, fibres
Champignon de Paris	Potassium, phosphore, fibres, protéines
Champignons sylvestres	Minéraux, fibres, sucres spéciaux
Chou	Substances soufrées, vitamine C, calcium, fibres
Chou de Bruxelles	Substances soufrées, vitamine C, calcium, fibres
Chou-fleur	Vitamine C, fibres, flavonoïdes, indoles
Courges (potiron…)	Carotènes, potassium, fibres
Endive	Potassium, sélénium
Épinard	Potassium, fibres, sélénium
Fenouil	Minéraux, vitamine C et carotènes
Mâche	Caroténoïdes, vitamines C, E et B9
Navet	Vitamine C, calcium, composés soufrés
Poireau	Carotènes, fibres, potassium, magnésium, composés soufrés
Poivron	Vitamine C, carotènes, flavonoïdes
Potiron	Potassium, carotènes
Tomate	Lycopène, minéraux variés

Fruits	Composés les plus intéressants
Avocat	« Bons gras », glutathion, minéraux
Châtaigne	Glucides complexes, fibres, potassium, vitamine E
Coing	Fibres, apports diversifiés en vitamines et minéraux
Figue	Fibres, potassium, calcium, oligo-éléments
Kiwi	Vitamine C, acides organiques, potassium
Noisette	Lipides insaturés, minéraux, vitamine E, soufre
Noix	Lipides insaturés, minéraux, vitamine E, soufre
Poire	Apports très diversifiés
Pomme	Apports très diversifiés
Raisin	Flavonoïdes, potassium

HIVER

Légumes	Composés les plus intéressants
Céleri branche	Potassium, calcium, sodium, fibres
Céleri-rave	Minéraux, oligo-éléments, fibres
Champignon de Paris	Potassium, phosphore, fibres, protéines
Choux	Composés soufrés, vitamine C, calcium, fibres, quercétine (brocoli)
Endive	Potassium, sélénium
Épinard	Provitamine A, vitamine C, fibres

→

Herbes (persil, cerfeuil, estragon…)	Vitamine C, carotènes, fibres, huiles essentielles
Mâche	Caroténoïdes, vitamine C, E et B9
Navet	Vitamine C, calcium, composés soufrés
Poireau	Carotènes, fibres, potassium, magnésium, composés soufrés
Salsifis	Minéraux (calcium, magnésium, fer)
Fruits	**Composés les plus intéressants**
Ananas	Manganèse, enzymes
Avocat	« Bons gras », glutathion
Clémentine	Vitamine C, calcium, flavonoïdes
Fruits exotiques (kaki, goyave, papaye…)	Vitamine C et carotène en grandes quantités, fibres
Kiwi	Vitamine C, acides organiques, potassium
Poire	Fibres douces, antioxydants, potassium
Pomme	Vitamine C, fibres, polyphénols, quercétine

Et toute l'année

Légumes	Composés les plus intéressants
Ail	Composés soufrés, vitamine C, quercétine
Betterave rouge	Fibres douces, minéraux, oligo-éléments
Carotte	Carotènes, calcium

→

Échalote	Composés soufrés
Oignon	Composés soufrés
Pomme de terre	Glucides complexes, potassium, vitamine C
Salades	Carotènes, vitamine B9, quercétine
Fruits	**Composés les plus intéressants**
Citron	Vitamine C, citroflavonoïdes, acides organiques
Citron lime	Vitamine C, citroflavonoïdes, acides organiques
Orange	Vitamine C, calcium, flavonoïdes, fibres
Pomelo	Vitamine C, flavonoïdes, fibres

Où acheter ses hydrolats détox ?

Si votre pharmacie est spécialisée en huiles essentielles, elle devrait aussi vous fournir d'excellents hydrolats. Renseignez-vous. Vous en trouverez également dans les boutiques spécialisées en huiles essentielles (il en existe encore trop peu), ainsi que sur de nombreux sites Internet. Attention, les prix varient fortement, mais la qualité aussi. Acheter le moins cher n'est pas forcément un bon calcul.

- ✓ www.aroma-zone.com
- ✓ www.altermedica.fr

Table des matières

Dans la même collection, aux éditions Leduc.s

Mes petites recettes magiques au citron

Julie Frédérique et Carole Garnier

ISBN : 978-2-84899-457-4
5,90 euros

Mes petites recettes magiques anticholestérol

Anne Dufour et Carole Garnier

ISBN : 978-2-84899-463-5
5,90 euros

Pour recevoir notre catalogue, merci de bien vouloir photocopier, recopier ou découper ce formulaire et nous le retourner complété à :

Éditions Leduc.s
17 rue du Regard
75006 Paris

Vous pouvez aussi répondre au formulaire disponible sur Internet :

www.leduc-s.com

NOM : ....

PRÉNOM : ....

ADRESSE : ....

....

CODE POSTAL : ....

VILLE : ....

PAYS : ....

ADRESSE@MAIL : ....

ÂGE : ....

PROFESSION : ....

Titre de l'ouvrage dans lequel est insérée cette page :

Mes petites recettes magiques détox

Lieu d'achat : ....

Avez-vous une suggestion à nous faire ?

....

....

....

À .... LE ....

Achevé d'imprimer par EDIPRO GROUPE
Dépôt légal : octobre 2011